우리는 왜 주희인가?

· 격물치지론의 탈근대 교육학적 해석 ·

우리는 왜 주희인가?

이재준 지음

KSI 한국학술정보㈜

머리말

이 책의 제목인 '우리는 왜 주희인가?'는 어찌 보면 좀 억지스럽게 느껴질 법도 하다. 정확한 어법과는 거리가 있을 뿐만 아니라 그 의도성이 다소 짙게 다가오기 때문이다. 아마 좀 더 바르게 쓰자면, '나는 왜 주희를 공부하였는가?' 정도가 될 것이다. 필자는 주희를 한 축으로 삼아 학위 논문을 준비하고 쓰는 과정에서 늘 도피하고 싶은 욕망에 시달렸다. 내 안에 동거하는 탈근대적(postmodern) 문제의식과 주희 사이의 끊임없는 불화를 다독거릴 힘이 부족한 탓이었다. 공부란 것이 원래 자기에게 절실한 것(爲己之學)이 되지 못하고 남에게만 그럴듯하게 보이면(爲人之學) 안으로 곪기 마련이다. 포기하기엔 돌아갈 길이 너무 멀고 내처 가기도 힘든 고비마다 항상 필자를 끌어올린 것은 다음과 같은 주희의 말이었다. 성현 '주자(朱子)'가 아닌 인간 '주희(朱熹)'의 고뇌는 배우는 자가 가져야 할 철저한 현실 인식을 보여준다.

평생 공부한 것이 도대체 무슨 소용이란 말인가? 지금 이 지경에 이르러 불합리한 관행을 고치지도 못하고, 백성들의 고통을 덜어줄 수도 없네그려. 밤잠을 설치면서 생각해 보아도 아무런 뾰족한 수가 없다네(「答呂伯恭20」 平生讀書, 要作如何利益底事? 今到此, 此等事變做不得. 中夜以思, 實不遑安處).

　필자가 유학 사상에 관심을 가지게 된 것은 서양의 근대적 교육패러다임에 대한 막연한 불만을 해소하고자 하는 소박한 욕심에서였다. 하지만 처음 접한 것은 유학 사상이 아니라 춘추·전국시대의 사회 개혁 사상가인 묵자였다. 그러니 묵자에 대한 가장 강력한 비판자였던 맹자와 그 원천으로서의 공자를 만나는 것은 피할 수 없는 일이었다. 묵자가 제도 개혁과 사회적 실천을 통해서 상하 모두가 공생하는 사회를 이룩하고자 했다면, 맹자는 인간이 본래적으로 지닌 선의 실마리를 끌어냄으로써 유가적 이상 사회를 실현하고자 하였다. 사회 개혁을 향한 묵자의 열정 자체를 과소평가한 것은 아니었지만, 공부의 과정에서 필자는 공자, 맹자는 물론 그들에 대한 탁월한 해석자인 주희에 주목하지 않을 수 없었다. 그리고 얻은 잠정적 결론은 우리가 오늘날 만나고 있는 그들은 당대의 현실에 목 놓아 울었던 '열정적 인간'이 아니라 시대의 감옥에 갇혀 있는 '박제된 성인'이라는 것이다. 그래서 시작한 일차적인 작업이 '주희를 통한 주희 찾기'였다. 즉 주희의 목소리를 가장 생생하게 들려주는 학문적 서간(書簡)을 중심으로 그의 사상적 여정을 더듬어 보기로 한 것이다. 필자는 이를 통하여 주희의 치열한 문제의식을 대면하고자 하였으며, 현대 교육에 대한 필자의 탈근대적 비판 의식을 좀 더 가다듬을 수 있는 계기로 삼고자 하였다.

　주희를 정점으로 하는 유학 사상을 공자, 맹자 등의 그것과 구분하여 신유학 사상이라고 부르는 것은 그것이 유학사에 있어서 하나의 커다란 전환점이 되었기 때문이다. 사실 주희시대의 유학은 현실 감각이 떨어지는 변변치 않은 학문이자, 기존의 체제에 겁 없이 도전하는 순진하고 위험한 자들의 거짓 학문(僞學)으로 치부되어 학문 활동이 금지되고, 핵심 인물들이 귀양을 가는 등 최대의 위기에 직면하게 된다. 심지어 주희가 만년에 쓴 편지들은 그 자신마저 지나친 우환 의식으로 인한 노이로제에 시달리고 있음을 보여준다. 그러나 이러한 시련 속에서도 주희는 선유들에 의하여 산발적으로 제시되었던 태극, 리(理), 기(氣), 성(性) 등의 개념을 치밀하게 교직시킴으로써 새로운 유학적 세계를 빚어낸다. 사실 '일상 속의 성인됨'이라는 유학의 본래적 이상은 '단박의 깨달음(一超直入)'을 추구하는 선불교에 비해서 이론적으로 치밀한 것도 아니었고, 당대의 피폐한 현실을 극복할 수 있는 매력적인 대안도 아니었다. 주희는 일상의 세계를 자연 세계와 마주 세우고, 인간 안에 존재 세계와 현실 세계의 소통 가능성을 심어 둠으로써 안으로는 선불교의 도전을 극복하고 밖으로는 당대의 현실을 치유할 수 있는 길을 열고자 하였다.

이 책은 그 제목에서도 이미 드러난 바와 같이 주희의 사상 체계가 가지는 현재적 지평을 문제로 삼았다. 특히 현대 교육에 대한 근본적 비판에 해당하는 탈근대적 교육 담론 속에 그것이 어떻게 수렴될 수 있는지 알아보고자 하였다. 그러나 교육에서의 탈근대성 논의는 그 다양한 문제 제기에 비해서 채워져야 할 자리가 너무 많다. 빈 거푸집만을 세운 채 지붕을 올리고 벽을 막을 수는 없는 일이다. 따라서 필자의 작업 역시 아직은 하나의 길 찾기에 불과하다. 이제 끝으로 필자가 이 길을 들어서는 데 이정표가 되어 주신 선생님들께 감사의 마음을 드리려 한다. 먼저 한국교원대학교에서 필자를 지도해 주신 김종건 교수님께 삼가 감사드린다. 교수님께서는 필자의 방만한 문제의식을 날카롭게 다듬어 주셨을 뿐만 아니라, 힘든 고비마다 칭찬과 격려로써 학문의 길에 매진하도록 이끌어 주셨다. 특히 이번 학기를 마지막으로 정년을 맞으시는 교수님께 졸작을 바칠 수 있어 필자로서는 영광스럽기 그지없다. 또한 한국학중앙연구원에서 필자의 박사학위 논문을 지도해 주신 오만석 교수님께 깊은 감사를 드린다. 사실 교수님의 애정 어린 지도가 없었다면 필자의 생각은 펼쳐지지 못했을 것이다. 교수님께서는 동양 사상이 현재적 지평을 가지기 위해서는 새로운 해석의 틀이 필요하고, 탈근대적 담론들이 그것의 중요한 단초가 될 수 있음을 일깨워주셨다. 다음으로 감사드릴 분은 고 이계학 교수님이시다. 교수님께서는 필자가 미국에 머무르는 동안 돌아가셔서 그 아쉬움이 말할 수 없이 크다. 사실 필자가 주희에 관심을 가지게 된 직접적인 계기는 교수님을 통해서다. 교수님께서는 '대인지학의 교육적 함의'라는 프로젝트를 진행하시면서 필자에게 주희를 정점으로 한 성리학의 중요성을 일깨워주셨다. 이제 끝으로 필자는 이 작은 결실을 나의 사랑하는 가족인 아내 장유수와 두 아들 상욱, 상언에게 바치려 한다. 공부하느라 같이하지 못한 많은 시간들에 대한 미안함이 전해지길 기원해 본다.

2007년 8월

이재준

차 례

Ⅰ. 서론 : 주희와 탈근대성의 조우 | 11

1. 문제의 제기 : 지식 교육의 재음미 | 12

2. 연구의 구도와 방법 | 25

Ⅱ. 교육과정 담론 : 화음에서 불협화음으로 | 35

1. 갈림길에 선 교육과정 | 36

2. 세계를 읽는 두 가지 코드 : 근대성 - 탈근대성 | 42

3. 탈근대 교육과정학의 성격 | 50

Ⅲ. 격물치지론 형성의 배경 | 57

1. 주희의 '마음'에 관한 이론 | 60

2. 주희의 '세계'에 관한 이론 | 89

3. 격물치지론 : 나와 세계의 조응 | 103

Ⅳ. 격물치지론과 탈근대 교육과정학 ｜ 109

1. 주희의 문제의식과 공부론 ｜ 110

2. 격물치지론의 구조 ｜ 129

3. 격물치지론의 탈근대 교육과정학적 함의 ｜ 156

Ⅴ. 결론 : 교육과정학의 새로운 전망 ｜ 175

1. 요　약 ｜ 176

2. 전망과 과제 ｜ 178

參考文獻 ｜ 183

Ⅰ. 서론 : 주희와 탈근대성의 조우

> 이러한 우연성의 구도(contingency frame)에서 볼 때, 교육과정(curriculum)은 절대적 지식을 전달하는 것이 아니라, 불확정성을 탐색해 가는 하나의 과정(process)이다. 이러한 탐구의 과정을 통해서 학생과 교사는 함께 "땅을 개간하며", 그렇게 함으로써 땅과 자신들을 변형시킨다.
>
> W. E. Doll, Jr.,
> A Post-Modern Perspective on Curriculum
> (New York: Teachers College, Columbia University, 1993), p.155.

1. 문제의 제기 : 지식 교육의 재음미

교육을 어떻게 정의하든 부정할 수 없는 한 가지 사실은 그것이 '지식'을 매개로 한 활동이라는 점이다. 그러기에 '교육' 혹은 '지식 교육'의 병폐를 질타하는 목소리가 아무리 높아도 교육의 과정에서 '지식' 자체를 가르치지 말아야 한다는 주장은 찾아보기 힘들다. 어찌 보면 오늘날 교육의 성과로 받아들여지고 있는 것의 상당 부분은 바로 '지식 교육'의 결과물이라고 하여도 지나친 말이 아닐 것이다. 사실 '지식의 전수' 내지 '그 이용 가능성의 극대화'라는 측면에서만 보면, 현대 교육은 대단한 성공을 거두고 있으며, 첨단 기술을 기반으로 미래 사회에는 더욱 완벽한 학습 체제를 갖추게 될 것이다.

그러나 교육은 '지식의 전수'를 그 한 내포로 삼고 있지만, 단순히 특정한 명제나 정보를 획득하거나 활용하는 수준을 넘어서는 것이라는 주장이 있을 수 있다. 즉 '지식 교육'의 본질은 단순히 지식 자체를 '전수'하는 것이 아니라, 지식에 담겨져 있는 궁극적인 의미를 깨닫게 해주는 데에 있다는 것이다.[1] 이러한 주장에 의하면, '지식 교육'의 병폐에 대한 일방적인 질타는 '지식 교육'의 본래적 의미를 도외시한 채 이루어지는 억울한 누명에 가깝다. 보다 적극적으로 그들은 '지식 교육'의 병폐를 극복할 수 있는 대안을 '지식 교육'이 이루어지고 있는 장면 그 자체에서 찾고자 한다.

> 오늘날 교육과정의 문제는 지식 교육 '대신에' 무슨 교육을 해야 하는가가 아니라, 지식 교육을 어떻게 하면 올바른 관점과 태도를 갖춘 인간이 길러지는가 하는 것으로 규정되어야 한다.[2]

---

1) 홍은숙, 『지식과 교육』(서울: 교육과학사, 1999), 336-337쪽, 347쪽.

위의 언급이 시사하는 바는, 교육은 지식에 대한 단순한 이해의 차원을 넘어서서 지식 자체에 내재되어 있는 본래적 가치를 심층적으로 이해할 수 있는 방향으로 이루어져야 한다는 것이다. 오늘날 '지식 교육'이 실패한 것으로 치부되는 것은 오로지 지식을 지식답게 가르치지 못했기 때문이다. 이러한 입장에 따르면, 교육과정(curriculum)의 핵심적 과제는 각각의 지식에 내재되어 있는 논리에 적합한 방식으로 가르치는 것이다.

사실 위의 관점은 교육의 본래적 가치를 '지식 교육'이 이루어지는 장면 혹은 과정 자체에서 찾으려고 했다는 점에서 보면 그 중요성은 아무리 강조해도 지나치지 않는다. 그러나 도대체 어떠한 의미에서 지식을 지식답게 가르치는 것이 교육의 본래적 가치를 구현해 내는 일과 논리적 정합성을 가진다고 말할 수 있는가?[3] 지식은 그것이 가진 유용성에 앞서서 그 자체로서 본래적인 가치를 가진다는 주장은 '지식 교육'을 통해서 모종의 바람직한 인간을 기를 수 있다는 주장의 논리적 전제에 해당한다. 하지만 이러한 전제를 받아들인다고 하더라도, 여전히 이들이 주장하는 교육의 구도를 통해서 개별 주체로서의 학생들이 어떻게 그 본래적 가치를 내면화하며, 그 결과로써 모종의 지적 안목을 '체득'할 수 있을 것인가 하는 의문은 사라지지 않는다. 바로 이 지점에서 우리는 근대 서양 인식론의 기본 가정들, 즉 이성적 주체와 대상적 세계의 이원론적 가름, 전자에 의해 일방적으로 환원된 세

---

2) 이홍우, 『교육과정탐구』(서울: 박영사, 1977), 11쪽.
3) 이러한 의문은 주희의 격물치지설에 대한 왕양명의 문제의식을 염두에 둔 것이다. 다음 절(제2절)에서 살펴보게 될 바와 같이 주희는 왕양명의 비판에 대한 독자적인 설명 체제를 가지고 있다. 그러나 지식 교육에 관한 위의 입장은 이 점이 결여되어 있는 까닭에 모종의 낭만적 가정에 기초하고 있는 것으로 비춰질 수 있다.

계의 모습으로서의 지식의 본질 등에 근본적인 의문을 던진다. 이상과 같은 근대성의 핵심 신념은 여전히 현대 교육을 지탱하고 있는 대들보이며, 그러기에 이에 대한 문제의식은 곧 근대적 교육 패러다임에서 파생하는 교육 문제들을 극복하는 출발점이 될 수 있을 것이다.

'마음'이 외부의 세계를 있는 그대로 투명하게 읽어낼 수 있다는 생각은 서양 철학의 오랜 신념이었다. '이성'의 관념이 바로 그것이다. 이성의 능력은 '이해의 명료성'과 관계될 뿐, '체득', 다시 말해서 이해를 넘어서서 자기 몸에 완전히 배도록 끊임없이 익히려는 노력까지를 포함하지는 않는다. '이해'의 문제가 이성으로서의 '마음'에 국한된다면, '체득'의 문제에는 '마음'은 물론 '몸'의 영역까지 포함된다. 지식의 객관적 의미를 명료하게 이해하고자 하는 시도는 마음과 몸을 갈라서 보는 이원론적 사고의 산물로서, 몸을 철저하게 마음에 종속시킨다. 따라서 몸은 객관적 이해를 막는 걸림돌이 될 수도 있다. 반면에 '체득'의 차원에서 지식을 바라보고자 하는 시도는 몸과 마음을 하나의 연속선 위에 놓는다. 이때의 몸과 마음은 한편으로는 서로를 구속하기도 하고, 또 한편으로는 서로를 상승시키기도 한다. 따라서 이러한 구도에서는 객관적 이해를 추구하기보다는 몸이 처한 다양한 현실 속에서의 '상황적 적합성'을 중시한다. 이른바 유학적 전통의 가장 큰 미덕인 '時中', 즉 상황적 적합성을 얻는 것은 몸과 마음으로 충분히 체득해 내지 않고서는 불가능한 일이다.[4]

만약 교육이 지식에 대한 명료한 이해만을 목표로 할 경우, 그것은 '가르침의 구도'만으로 충분히 해결이 가능한 문제이다. 객관적 지식과

---

4)『中庸章句』「제2장」君子之中庸也, 君子而時中. 朱熹註: 君子之所以爲中庸者, 以其有君子之德, 而又能隨時以處中也. …… 蓋中無定體, 隨時而在, 是乃平常之理也.

그것의 의미를 온전히 담아낼 수 있는 이성으로서의 '마음'이 실재한다고 보면, 교육의 무게 중심은 '교사'에게 주어진다. '교사'는 교육받은 사람의 전형으로서 지식의 본질에 대한 명료한 이해를 토대로 '이성'의 능력을 충분히 실현한 사람으로 가정된다. 따라서 '가르침의 구도'에서는 어떻게 하면 지식의 본질에 대한 효과적인 이해에 이를 수 있을 것인가 하는 문제가 핵심적인 관심사가 된다. 이른바 '교과'는 지식에 정통한 '교사'에 의해서 제시된 지식의 표본이다. 학교는 바로 지식에 대한 투명한 이해를 가로막는 제반 사회적 환경으로부터 격리된 하나의 제도적 장치에 해당한다고 볼 수 있다.[5]

그러나 '체득'의 차원에서 지식을 볼 때는 반드시 '배움의 구도'가 필요하다. 체득이란 객관적 의미에 대한 소극적인 수용의 수준을 넘어서서, 자기 몸 안에서 의미를 새롭게 생성(自得)해 내지 않고서는 이루어질 수 없다. '체득'이라는 측면에서 보면, '배움'은 '가르침'의 단순한 연장이 아니라 그것과 동일하게 교육의 한 축을 이룬다. 유가의 경

---

5) 교사, 교과, 학교의 성격을 이처럼 규정하는 대표적인 시각은 다음과 같은 김승호의 언급에 잘 나타나 있다. "學校는 인간의 일상의 삶에서 손상되기 쉬운 스콜라의 영역을 수호하는 보호구역이다. 실재를 추구하는 인간 활동은 사욕이 주도하는 일의 세계와는 별도로 이루어져야 가능하리라는 선조들의 예지가 학교 제도 속에 숨겨져 있다. …… 학교는 일상 현실 속에서 일어나기 어려운 관조가 학생들에게 생길 수 있도록 마련한 별도의 공간과 노력을 의미한다.
교사는 말로 담을 수 없는 각 분야의 전통의 응집체이다. 교사는 살아 있는 전통의 구현체이다. 이와 같이 교사는 각 분야의 전통의 화신이라는 의미에서 볼 때, 교과와 교사는 별도로 존재하는 것으로 볼 수 없다. 교사는 살아 숨쉬는 교과 그 자체이다. 교과는 구체적인 교과서의 형태로서만이 아니라 교사의 마음에도 있다. 교과는 멀게는 성인의 마음이, 또는 가깝게는 교사의 마음이 구체적인 형태로 외부로 표현된 것이다." 김승호, "스콜라주의 교육목적론"(서울대학교대학원 박사학위논문, 1996), 140쪽: 142쪽: 165 – 166쪽.

전에 빈번하게 등장하는 교학상장[6]의 의미를 깊이 되새겨 보면, 오히려 동양적 전통에서는 항상 '배움'을 '가르침'에 앞세우고 있음을 알 수 있다.[7] '배움'은 개인이 발을 딛고 서 있는 현실적 한계에서 출발한다. '몸'은 개인이 처한 사회적·물리적 환경을 비롯한 제반 환경을 대표하는 개념이자 생각의 주체로서의 '마음'을 담고 있는 그릇이다. 따라서 '배움의 구도'는 반드시 '마음'과 '몸'의 이중주를 기반으로 한다.[8]

교육이 그 자체로서 본래적인 목적을 가지며, 반드시 지식이 그 매개가 되어야 한다는 주장이 설득력을 가지기 위해서는 '마음'의 본질에 대한 시각의 변화가 요청된다. 사실 '지식 교육'의 가정은 '가르침의 구도'에서만 보면 논리적 모순을 가진다. 개인이 이해의 수준을 넘어서서 어떠한 가치를 체득해 내기 위해서는 소극적인 수용의 수준이 아니라 '마음'의 적극적인 해석 행위를 전제로 하는 '배움의 구도'가 필요하다. '몸'은 개인이 발을 딛고 서 있는 현실적인 지평이다. 따라서 '배움'의 주체로서의 마음의 해석 행위는 결코 '몸'에서 분리될 수 없다. 그럼에도 불구하고 '지식 교육'을 주장하는 사람들은 마음의 이성적 능력에만 주목할 뿐, 어느 누구도 개인이 지식을 체득해 내는 과

---

6) 孫希旦(淸) 撰, 『禮記集解』 卷第三十六 「學記」 第十八. 雖有嘉肴, 弗食不知其旨也. 雖有至道, 弗學不知其善也. 是故學然後知不足, 敎然後知困. 知不足, 然後能自反也. 知困, 然後能自强也. 故曰, 敎學相長也.

7) 동양적 전통에서는 '스스로 깨닫는 것(自得)'을 매우 중시하는 까닭에 '敎'보다는 '學'을 중심에 놓는다. 예컨대 신유학의 가르침을 집대성하고 있는 『성리대전』만 보더라도 '學'의 문제가 무려 14편에 걸쳐서 다루어지고 있다.

8) '배움'의 본질을 '체득'과 관련시켜 보아야 하는 이유는 『논어』의 다음과 같은 구절에서 찾을 수 있다. 공자는 學과 習의 두 주체인 '마음'과 '몸'의 이중주를 통하지 않고서는 결코 체득의 기쁨을 맛볼 수 없을 것이라고 힘주어 말한다. 『論語』 「學而」 子曰, 學而時習之, 不亦說乎! 朱熹註: 程子曰, 習重習也, 時復思繹, 浹洽於中, 則說也. 又曰, 學者將以行之也, 時習之, 則所學者在我, 故悅.

정에서 마음과 몸의 상호 작용에 주목하지 못하고 있다. 이성을 통해서 지식의 객관적 의미를 체득할 수 있다는 '지식 교육'의 가정은 '마음'의 현실적 존재 양상에 주목하지 못한 채 이루어진 형이상학적 모험에 가깝다. 이제 교육과정 이론의 주요 흐름에 대한 고찰을 통해서 이 문제의 성격을 보다 분명히 해 보고자 한다.

'무엇을, 왜, 어떻게 가르칠 것인가?' 하는 문제는 교육과정에 관한 가장 핵심적인 질문 중의 하나이다. 따라서 이 문제에 대한 대답의 양상 또한 매우 다양하게 전개되어 왔다. 그러나 교육과 지식의 관계 맺음 방식이라는 측면에서 본다면, 타일러(R. W. Tyler)와 피터스(R. S. Peters)의 생각을 중심으로 크게 두 가지 흐름으로 정리해 낼 수 있을 것이다.

타일러는 자신의 저서에서[9] "학교가 추구해야 할 교육 목표는 무엇인가?"라는 질문을 필두로 학습 경험의 선정, 조직, 평가에 관한 질문을 제기하고, 이에 대한 나름대로의 답변을 내놓고 있다. 타일러는 교육과정 개발에 관한 하나의 체계적인 절차를 제시하고 교육 목표라는 잣대에 의해 그 결과를 객관적으로 평가할 수 있다고 믿었다는 점에서 아마도 테일러(F. W. Tayler)의 과학적 경영 원리[10]를 교육 분야에서

---

9) R. W. Tyler, *Basic Principles of Curriculum and Instruction*(Chicago: The University of Chicago Press, 1949).

10) 테일러(F. W. Tayler)는 자신의 저서에서 과학적 경영 원리의 본질을 다음과 같이 요약한다. "내가 이 책을 통해서 문제시하고자 하는 바는 우리의 일상 속에 산재해 있는 비효율성으로 인하여 전 인류가 입고 있는 손실이 얼마나 큰가 하는 것이다. 장담하건대 이 문제는 한두 사람의 천재에 의해 해결될 수 없다. 그것은 오직 진정한 과학, 즉 확실한 법칙과 원리에 의해서 뒷받침되는 과학적 관리법에 의해서 극복될 수 있다. 나는 확신한다. 그것이 시대를 불문하고 인간 활동의 모든 영역에 적용이 가능하다는 것을 말이다!" F. W. Tayler, *The Principles of Scientific Management*(New York: Harper & Row, 1911), p.7.

가장 충실하게 실현시킨 인물이라고 할 수 있다.[11] '타일러식 사고'의 핵심은 교육 목표가 모종의 절차를[12] 통해 결정될 수 있으며, 모든 교육 활동은 그러한 목표를 달성하는 데로 모아져야 한다는 것이다. 따라서 교육 활동은 그 자체로서 정당성을 보장받지 못하며, 목표에의 합목적성 및 효율성에 의해 평가받게 된다. 사실 교육이 어떤 목적을 실현하기 위한 가장 유효한 수단이 될 수 있다는 생각은 오늘날에도 여전히 큰 매력을 지닌 채 교육에 관한 우리의 사고를 지배하고 있다. 다음과 같은 교육 당국자의 언급은 이 점을 여실히 보여주고 있다.

> 우리 교육은 앞으로 10년 후, 그러니까 2010년부터 약 40년 동안 사회 활동을 할 여러분들에게 그 시대의 사회 모습을 미리 예측하고 거기에 맞추어 가르치는 데 힘쓰고자 합니다.[13]

물론 교육이 국가적·사회적 요구와 전혀 무관하게 존재할 수는 없지만 그것 자체가 교육의 모든 것을 결정할 수 있다는 논리는 매우 위험한 발상이다. 타일러식 사고는 어떠한 입장에서 접근하든 하나의 유용한 틀로 작용할 수 있는 가치중립적 모형이라는 점에서 매력과 약점을 동시에 지니고 있다. 타일러는 본인이 의도하였든 그렇지 않았든 근대적 사유의 산물인 합리성과 효율성의 개념을 교육과정 분야에

---

11) C. H. Cherryholmes, *Power and Criticism: Poststructural Investigation in Education*, 박순경 옮김, 『탈구조주의 교육과정 탐구』(서울: 교육과학사, 1998), 182쪽.
12) 타일러는 교육 목표를 설정하는 원천으로 학습자에 관한 연구, 사회에 관한 연구, 교과 전문가의 견해, 철학, 학습 심리학의 활용 등 다섯 가지를 제시하고, 그것들이 교육 목표를 설정하는 과정에서 어떻게 고려되어야 하는지를 설명하고 있다. Tyler, 앞의 책, pp.5-43.
13) 이해찬, "고교 시절의 노력이 일생의 절반을 결정한다", 『교육월보』 통권 제197호(교육부, 1998), 10-11쪽.

끌어들인 핵심 인물이라고 할 수 있다.[14]

타일러와는 달리 교육하는 이유를 지식 자체의 가치에서 찾고자 하는 흐름이 있다. 피터스(R. S. Peters)는 어떤 것이 교육 내용이 되기 위해서는 그것을 가르칠 만한 정당한 이유가 그 자체에 내재되어 있어야 한다고 본다.[15] 이러한 생각은 허스트(P. H. Hirst)의 '지식의 형식'에 관한 일련의 이론에 의해 좀 더 구체화된다. 허스트는 교육 목적으로서의 '합리적인 마음의 발달'과 교육 내용으로서의 '지식의 획득' 사이에는 논리적 관련이 있다는 주장을 펴고 있다.[16] 허스트는 지식을 수학, 자연과학, 인문과학, 역사, 종교, 문학과 예술, 도덕적 지식 등 7가지 형식으로 분류하고, 자유 교육(liberal education)은 이러한 합리적인 지식을 통한 마음의 발달에 직접적으로 관계되는 교육이라고 본다. 따라서 허스트가 주장하는 자유 교육은 '지식의 형식'에 입문함으로써 '합리적인 마음'의 발달을 이룰 수 있다는 전제를 바탕으로 하고 있다.[17]

자유 교육론자들은 교육이 나름대로의 논리를 가지며, 교육 목적은 외적인 필요에 의해서가 아니라 학습자의 바람직한 변화라고 하는 내적인 요인에 의해서 정당화되어야 한다고 주장한다. 그들은 객관적인 지식의 온전한 획득이 가능하다는 가정 아래, 다만 지식을 올바른 방

---

14) W. E. Doll, Jr., *A Post-Modern Perspective on Curriculum*(New York: Teachers College, Columbia University, 1993), p.54.
15) R. S. Peters, *Ethics and Education*(London: George Allen & Unwin, 1966), p.144.
16) Jong Gun Kim, "Paul H. Hirst's Curriculum: An Evaluation"(Ph. D. dissertation, The University. of Texas at Austin, 1982), p.52.
17) P. H. Hirst, "Liberal Education and the Nature of Knowledge" R. S. Peters(ed.), *The Philosophy of Education*(London: Oxford University Press, 1973), pp.101-103.

법으로 가르치기만 한다면,[18] 교육의 본래적 목적이라고 할 수 있는 모종의 바람직한 상태에로 학습자를 이끌 수 있다고 본다.[19]

그러나 이들의 논리 역시 타일러와는 또 다른 측면에서 병폐를 낳을 수 있다. 물론 이들의 논리는 교육을 정당화시키는 방식에 있어서 타일러의 논리와는 질적으로 다르며, 이홍우의 분석은 양자의 차이를 여실히 보여주고 있다.[20] 그럼에도 불구하고 이들은 '절대적 이성과 객관적 세계'라고 하는 근대적 사유체계에 충실함으로써 교육의 과정에서 "학생들에게 세계에 대한 하나의 해석을 절대시하여 심층적 이해와 이를 통한 그들의 삶의 개선을 저해할 수도 있다"는 비판[21]에서 자유로울 수 없다. 단지 지식의 객관적 의미에 대한 명료한 이해 자체가 삶의 개선을 담보해 줄 수는 없는 것이다. 결국 지식이 인식 주체의 앎 혹은 의미 해석의 과정과 상관없이 외부에 객관적으로 존재한다는 전통적인 믿음[22]에 근거하는 한, '지식 교육'은 앎과 삶의 괴리

---

18) 부르너는 자신의 '핵심적인 확신', 다시 말해서 지적 활동은 일선 학자이든 초등학교 3학년 학생이든 그 본질에 있어서는 근본적으로 동일하다는 믿음을 바탕으로, 그동안 지식 교육이 범한 가장 큰 잘못은 학생들에게 각 학문 고유의 탐구 방식을 가르치기보다는 그러한 탐구 방식에 의해서 발견된 결과, 즉 중간 언어(middle language)를 가르쳐온 것이라고 지적한다. J. S. Bruner, *The Process of Education*(Harvard University Press, 1978), p.14.
19) 이홍우, 앞의 책, 11쪽.
20) 위의 책, 31–85쪽.
21) 오만석, "현대 해석학의 관점에서 본 교육적 의미소통 과정", 허숙, 유혜령 편, 『교육현상의 재개념화』(서울: 교육과학사, 1997), 194–195쪽.
22) 양미경, "질문의 교육적 의의와 그 연구 과제"(서울대학교대학원 박사학위논문, 1992), 1–4쪽. 이 글에서 양미경은 이홍우(『교육의 개념』, 서울: 문음사, 1994)에 의해서 분류된 교육의 세 가지 개념, 즉 공학적 개념, 성년식 개념, 사회화 개념을 기존의 교육관을 대표하는 전형으로 보고 이에 대한 분석을 통하여 다음과 같은 주장을 펴고 있다. "이들 세 개념들은, 지식은 인식 주체의 앎의 과정이나 의미해석과 관계없이 외부에

라고 하는 근본적 한계에서 한 걸음도 벗어날 수 없다.

삶의 주체로서의 인간은 필연적으로 수많은 현실적 한계를 지닌다. 살아 있는 생명체인 이상 우리는 잠시라도 생물학적 조건을 떠나서 존재할 수 없다. 인식 작용의 주체로서의 '마음'도 또한 이 생물학적 조건을 대변하고 있는 '몸' 안에 존재한다. 따라서 '마음'의 인식 행위는 항상 '몸'에 의존적이다. 사유하는 마음이 인간의 두드러진 특징이기는 하나 그것만이 독자적으로 존재할 수는 없다. 이 양자는 '생명현상'에 의해 맺어진 까닭에 둘로 나뉘어 대립할 수 없으며, 항상 상호 의존적이다. 최봉영은 다음과 같이 '몸과 마음의 관계'를 풀어냄으로써 전통적인 이원론의 한계를 지적한다.

> 인간이 몸과 마음을 이분법에 기초하여 설명해 온 것은 대사하는 몸과 생각하는 마음을 극단적으로 대비하는 심신이원론에 뿌리를 두고 있다. 인간은 대사하는 몸을 땅이나 흙에서 근거를 구하고, 생각하는 마음을 하늘이나 신성에서 근거를 구하여 이원적으로 분리해 왔다. 이로써 인간이 감각하는 몸과 지각하는 마음이 수행하는 매개적 역할을 무시하거나 부정하게 되어 몸과 마음이 연결될 수 있는 자연스러운 고리를 훼손하게 되었다.[23]

이제 우리는 순수한 객관적 인식이 가능하다는 믿음을 재검토할 필요가 있다. 몸은 더 이상 궁극적 실재에 대한 순수한 인식을 가로막는

객체로서 존재하며, 지식을 판단하기 위한 어떤 보편적이고 항구적인 기준이나 준거가 있다는 입장에 기초하고 있다고 하겠다. 이러한 입장에서는 …… 지식은 해석되어야 할 것이 아니라 전수되어야 할 성격을 지니게 된다. 이런 관점을 취하고 있는 사람들에게 있어서 교육이란, 최정상의 학자들에 의해 발견되고 축적된 일단의 가치 있는 지식을 …… 가능한 한 많이 넣어주는 과정으로 파악될 것이다."

23) 최봉영, 『주체와 욕망』(서울: 사계절, 2000), 357쪽.

방해물이 아니라 자신의 프리즘으로 그것을 바라볼 수 있게 해주는 마음의 현실적인 조건이다. '지식 교육'에 관한 전통적인 이론들은 이와 같은 중요한 사실을 은폐 내지 왜곡함으로써 앎과 삶의 괴리를 초래할 수밖에 없었다. 몸과 마음을 대립적인 구도로 파악한 채 이루어지는 '지식 교육'은 근본적인 모순을 간직하고 있는 것이다. 결국 몸과 마음을 기반으로 하고 있는 우리의 인식 행위는 그 성격상 '주관적'인 성격을 가질 수밖에 없다. 장상호는 '주관주의'의 본질을 다음과 같이 설명한다.

> 우리는 인식론에서 제기된 주관·객관의 순진한 이분법을 지양해야만 한다. 인식에 있어서 주관성을 강조할 때 우리는 우리 내면의 밖에 실재가 없다는 것을 주장하려는 것이 아니다. 우리는 그런 실재가 있음을 인정하며, 그것들과 우리의 상호 작용도 인정해야 한다. 문제는 그것이 무엇이건 간에 우리에게 인식될 때, 그 인식 내용에서 주관의 요소를 배제할 수 없다는 것이다. …… 인간이 경험하는 세계는 우리의 내부와 외부의 상호 작용에 의해서 형성된다. …… 유기체인 우리 자신과 우리를 둘러싼 객관적인 환경은 불가분의 복잡한 변증법적인 관계를 갖는다. …… 우리와 독립된 객관적 세계를 직접 접촉할 수 있다는 인식론적 가정은 엄청난 환상으로 보인다. 적어도 인식의 영역에 관한 한 우리 자신과 독립된 세계란 없다. 인식 주체와 객관은 인식 활동에 상호 의존적으로 작용하며, 우리의 인식은 유동하는 우리 자신과 세계의 특별한 관계 양상으로 파악되어야 한다.[24]

궁극적 실재의 존재에 관한 논의와는 별개로, 교육의 과정에서 주목해야 할 가장 중요한 사실은 우리 인간이 세계를 온전히 표상해 낼 수 있는 절대적 근거를 가지고 있지 않다는 점이다. 지식은 인식의 명료성이라는 측면에서만 규정되어서는 안 된다. 그것은 인식 주체의 사

---

24) 장상호, 『학문과 교육(하)』(서울: 서울대학교출판부, 2000), 85-86쪽.

유망으로 세계를 감싸는 것도 아니요, 세계 안에 존재하는 어떤 절대적 힘에 의한 일방적 계시의 산물도 아니다. 이제 우리는 인식 주체와 세계의 특별한 관계 양상에 주목하고자 한다. 지식의 본질은 바로 이들 양자의 다양한 변주 과정과 밀접한 관련을 가지는 것으로 보이기 때문이다.

이상의 논의를 바탕으로 이 글의 문제의식을 간단히 정리해 보면 다음과 같다. 첫째, '마음'이 이성적 능력에 의해 지식의 객관적 의미를 온전하게 표상해 낼 수 있다는 생각은 '마음'의 본질에 대한 편향적 사고의 산물일 수 있다는 것이다. 이제 우리는 '마음'과 '몸'을 갈라서 보는 이원론적 사고에서 벗어나 이들의 상호 작용 속에서 지식의 성격을 규정할 필요가 있다. 결국 이것은 인식 주체로서의 나와 세계의 일방적인 만남이 아닌, 이들 양자의 새로운 관계 맺음 방식을 시사하게 될 것으로 보인다.

둘째, 지식의 객관성·절대성을 정점으로 하는 교육 이론은 이제 수정되어야 한다. 하나의 '완결된 지식'을 상정한다는 것은 교육이 전적으로 '가르침의 차원'에만 머물러야 한다는 것을 의미한다. 이러한 구도에 따르면, 교육의 관심은 단지 지식의 객관적 의미에 대한 이해를 극대화시키기 위한 미시적·방법론적 활동에 국한될 수밖에 없다. 그러나 이성에 의한 완전한 지식의 창출이 가능하다는 논리가 유보되고, 개별 주체의 적극적 해석 행위를 지식의 한 의미로 받아들인다면 '교육'의 본질 또한 새롭게 규정되어야 한다. '배움의 차원'을 교육의 중심축에 놓는다는 것은 적어도 교육의 과정에서만큼은 개별 주체가 객관적 의미의 단순한 수용자가 아니라 적극적으로 의미 생성에 참여할 수 있다는 것을 말한다.

그동안 교육에서 인식 주체와 세계를 철저하게 갈라서 보는 근대적 인식론을 부정함으로써 앎과 삶의 간극을 극복하려는 노력이 없었던 것은 아니나,[25] 오늘날처럼 기존의 패러다임에 깊은 타격을 가하지는 못했다.[26] 사실 '지식 교육'의 병폐로 지적되고 있는 것들은 상당 부분 근대적 지식관에 뿌리를 두고 있다. 따라서 이 문제는 지식의 본질에 대한 새로운 접근 없이는 해법을 찾을 수 없다. 이를 위하여 우선 근대적 지식관의 문제점을 근대성의 핵심 이념이라고 할 수 있는 근대적 주체 개념의 형성과 해체에 관한 논의를 통해서 파악할 필요가 있다. 이러한 작업은 탈근대적 교육과정 담론을 기반으로 새로운 교육 패러다임을 모색해 보고자 하는 시도의 밑거름에 해당한다. 특히 이 점과 관련하여 우리는 이성적 '마음'과는 다른 차원에서 독자적인 '마음 이론'을 확립함으로써, 나와 세계의 새로운 관계 맺음 방식을 보여 주는 주희[27]의 격물치지론에 주목하고자 한다.

---

25) 필자가 보기에 이 점과 관련하여 특히 주목할 만한 인물이 듀이(J. Dewey)이다. 듀이는 인식 주체와 인식 대상이 따로 떨어져 별개의 독자적 지위를 차지한다는 전통적 인식론의 구도를 뒤집음으로써 지식의 본질을 새롭게 규정한다. 그에 의하면 참된 지식의 획득은 회고나 재생이 아니라 개인의 능동적인 참여에 있다고 말한다. 개인이 지식의 형성에 참여한다고 하는 것은 곧 인식 주체와 인식 대상을 상호 대립시키는 전통적 인식론의 관점을 근본적으로 뒤집는 것이다. 이에 관한 보다 자세한 논의는 김무길, "존 듀이의 지식론과 Transaction에 관한 연구"(성균관대학교대학원 박사학위논문, 2000)를 참고할 것.

26) W. F. Pinar, et al., *Understanding Curriculum*(New York: Peter Lang), p.849.

27) 朱熹(1130-1200). 남송의 학자, 유학을 집대성하여 신유학의 토대를 확립하였다. 字는 元晦(후에 仲晦로 고침), 호는 晦庵. 祖籍은 휘주 무원, 고종 건염4년(1130) 福建의 南劍 尤溪의 鄭氏 관사에서 출생하였다. 1148년 진사에 급제하였고, 1153년 泉州 同安縣의 主簿로 벼슬을 시작하였다. 처음에는 禪學에 빠져들기도 했으나 李侗을 만나면서 유학에 전념하기 시작하여 二程을 중심으로 周惇頤, 張載의 학문을 이기론의 구도에서 재해석함으로써 유학의 새로운 방향을 열었다. 中國孔子基金會 編, 『中國儒學百科全書』(北京: 中國大百科全書出版社, 1997), 648-649쪽 참조.

현대 교육이 당면하고 있는 가장 큰 문제 중의 하나인 앎과 삶의 괴리는, '마음'을 철저하게 이성적 측면에서 규정함으로써 주체와 객체를 갈라놓고, '마음'이 딛고 서 있는 현실로서의 '몸'의 작용 양상을 보지 못하는 근대적 인식론의 당연한 귀결이다. 그러나 주희의 격물치지론은 현실의 한계를 지닌 '개인의 마음'을 축으로 세계를 바라보고자 한다. 그것은 사실의 영역과 가치의 영역의 화해, 다시 말해서 주체로서의 나와 객체로서의 세계 사이의 새로운 대화 방식을 요구한다. 이러한 구도하에서 보면, 세계는 주체의 인식을 기다리는 단순한 객체가 아니라 스스로 말할 수 있는 가능성을 지닌 존재, 즉 주체와 마주 서 있는 또 하나의 주체라고 할 수 있을지도 모른다. 따라서 근대적 의미에서의 앎이 절대 주체의 자리에 선 이성의 구성물이라면, 격물치지론에서의 앎은 저마다의 한계를 안고 사는 개별 주체가 세계를 대면해 가는 과정에서 얻게 되는 산물이다. 그러기에 격물치지론에는 처음부터 앎과 삶의 분리가능성은 존재하지 않는다. 바로 이러한 인식을 기반으로 우리는 주희의 격물치지론이 현대의 '지식 교육'의 한계를 보완할 수 있는 유의미한 시각을 제공해 줄 것으로 믿는다. 이제 주희의 격물치지론이 이상의 문제의식과 어떻게 만나는지를 살펴보고, 이후 본 연구의 전체적인 흐름에 대해서도 간단하게 조망해 보고자 한다.

2. 연구의 구도와 방법

오늘날 주희의 격물치지론이 교육의 새로운 관심사로 떠오를 수 있는 가능성은 그 독자적인 '마음 이론'에서 찾을 수 있다. 일반적으로 '마음 이론'에 관한 주희의 최종적인 결론을 '中和新說'이라고 부른다. 주희에 의하면, 마음은 '未發'과 '已發'이라고 하는 두 가지 계기를 가지고 있다. '未發'은 마음이 세계(事·物)와 본격적인 교호작용(transaction)[28]을 하기 전의 상태로, 항상 '본래적인 바름(性)'으로 수렴하려는 가능성 내지 향성에 해당하는 것으로 볼 수 있다. 말하자면 그것은 아직 드러나지 않은 마음의 잠재적 능력이라고 할 수 있다. 그러나 '未發'의 마음은 항상 그것이 자리 잡고 있는 '몸(氣質)' 내지 '몸'이 처하고 있는 물리적·사회적 제반 환경에서 자유로울 수 없다. '已發'은 이러한 환경 속에서 이루어지는 마음의 적극적인 작용 양상(情)에 해당한다. 따라서 未發과 已發이라는 두 가지 계기를 가진 마음의 인식 작용은 개별 주체의 삶과 결코 유리될 수가 없으며, 그 성격상 절대 이성의 소산으로서의 앎(지식)과는 판이하게 다르다.

다음에서 상세히 논의하게 되겠지만(제3장 제1절) 주희의 '마음 이론'은 인간이 세계를 어떻게 대면해야 하는지에 대한 스스로의 고민을 통해서 완성되었다. 격물치지론은 인간이 세계를 대면해 가는 과정을 통해서 본래적인 바름(本然之性)을 회복해 가는 '工夫論的 처방'에 해

---

28) 필자가 보기에 주희의 격물치지론에 대한 이 글의 해석을 가장 잘 나타낼 수 있는 용어가 바로 '교호작용(transaction)'이 아닌가 생각된다. 듀이(John Dewey) 철학의 핵심 개념인 교호작용은 서양의 전통적 인식론에 대한 근본적인 회의를 담고 있다. 그것은 주체의 대상에 대한 일방통행이 아니라 양자의 역동적인 상호 작용을 통한 질적 변화를 상정한다. 김무길은 교호작용을 '시간성'과 '공간성'의 축에서 이해할 것을 주장하면서 그 본질을 다음과 같이 설명한다. "교호작용은 고정된 실체 간의 물리적 상호 작용이나 표면상 상호 영향을 주고받는 일시적이고 제한된 상호 작용이 아니다. 그것은 역사적 배경이라든가 사회적 상황 혹은 물리적 환경에 대한 인식이 전제된, 광범위한 '입체적' 인식작용을 의미한다. …… 교호작용으로서의 인식과정은 고립적인 것이 아니라, '시간적으로 연장되고 공간적으로 확대된' 통합적 인식의 맥락에 입각해 있다." 김무길, "듀이 교육이론에 나타난 '지식교육'의 위상: '인식론적' 문제의 재고찰", 『교육철학』, 제37집(서울: 교육철학회, 2006), 10쪽.

당한다. 주희에 의하면, 세계는 인간의 인식을 기다리는 수동적인 대
상이 아니라 理라고 하는 스스로의 존재 원리에 의해 생성되고 운행
된다. 그러나 무한한 생명력의 원천인 理는 그것이 뿜어내는 음양의
조화 속에 깊이 숨어버린다. 따라서 우리 인간은 헤아릴 수 없는 음양
의 교직이 빚어낸 현실의 세계 속에서 理를 보아내려는 노력을 해야
만 한다. 세계는 처음부터 불완전한 인간에 의해 온전히 환원될 수 있
는 존재가 아니다. 그러나 주희에 의하면, 인간의 마음 역시 ‘完成態’
는 아니지만 理를 담고 있는 세계의 일부인 까닭에 끊임없이 소통하
려는 노력을 통하여 스스로의 한계를 극복하고, 차츰차츰 온전한 세계
의 모습에 다가설 수 있다.

주희의 격물치지론은 自足하는 ‘세계’와 현실적인 한계를 지닌 ‘개
인’의 만남에 관심을 가진다는 점에서 전통적인 인식론과는 근본적인
차별성을 지닌다. 즉 격물치지론의 중심부에는 세계 내의 존재 원리를
발견하려는 ‘인식론적 관심’보다는 오히려 존재 원리와의 대면을 통해
서 자신 안의 ‘본래적 바름’을 회복하려는 ‘공부론적 관심’[29]이 자리하

---

29) ‘工夫’는 가르침(敎)의 차원보다는 배움(學)의 차원에 초점을 둔 개념이
　　다. 그것은 배우는 자 스스로의 자각적 노력(自得)에 의해 모종의 이상
　　적인 마음의 상태에 이르는 과정을 지칭한다. 따라서 외적 대상에 대한
　　지식의 축적을 넘어서서 마음이 저절로 이치에 합치되는 경지에 이르고
　　자 하는 것이 공부의 핵심적인 관심사가 된다. 주희는 이 점을 다음과
　　같이 설명한다. “책을 읽는 목적은 단순히 先儒들의 학설을 아는 데에
　　있는 것이 아닙니다. 다만 그것을 바탕으로 文義를 깨치고 끊임없이 玩
　　味하여, 내 마음에 완전히 스미게 하여야 합니다. 그렇게 하여야만 책에
　　담겨 있는 본래적인 의미가 저절로 내게 드러나게 되는 것입니다.” 『朱
　　熹集』(四川敎育出版社, 1996), 권39, 1763－1764쪽, 「答柯國材4」. 大槪讀
　　書且因先儒之說, 通其文義而玩味之, 使之浹洽於心, 自見意味可也.
　　※ 이 글에서는 차후 『朱熹集』에 실린 편지를 인용할 때 다음의 예를 따른다.
　　〈예〉 『朱熹集』, 卷44, 2115쪽, 「答江德功2」－『朱熹集』 2115쪽, 권44에 실
　　린 강덕공에게 보내는 두 번째 편지.

고 있다고 볼 수 있다. '공부론적 관심'은 '마음의 본질'에 관한 두 가지 가정을 전제로 한다. 우선 '마음'도 세계의 일부인 까닭에 존재 원리로서의 理를 품고 있다. 이것이 이른바 性, 즉 '본래적 바름'이다. 그러나 이것이 발현되기 위해서는 개인의 끊임없는 노력이 요구된다. 왜냐하면 '마음'은 기질이라고 하는 현실적 한계와 한 몸을 이루고 있기 때문이다. '工夫' 내지 '修養'이라는 개념은 '마음'의 이 두 가지 측면을 전제하지 않고서는 결코 성립할 수 없는 것이다. 이렇게 본다면, 인식론적 탐구 활동으로서의 窮理는 格物의 핵심적인 요소이기는 하지만, 그 과정에는 늘 마음의 두 측면이 관여하는 까닭에 양자는 개념적으로 미세한 파열음을 간직하고 있다. 실제로 주희 자신도 양자를 다음과 같이 분명히 구분하고 있다.

> 흔히 깊이 생각하지 않고 격물을 단순히 이치를 궁구하는 활동과 동일시하는데, 이것은 마음과 대상 세계를 혼동한 것이다. 엄밀하게 구분하여 보자면, 이치는 대상 세계에 있지만 그것으로 다가갈 수 있는 능력은 내 마음이 지닌 것이다. 마음이 주가 되어 이치를 궁구하는 것이니 분명히 양자는 구분되는 것이다. 이것이 바로 격물과 궁리를 전적으로 동일시해서는 안 되는 이유이다.[30]

이상의 논의를 통해서 우리는 주희의 격물치지론의 본지가 마음 안의 '본래적 바름'을 회복하고자 하는 공부론적 처방, 즉 마음의 현실성을 본래성으로 귀일시키려는 시도에 있음을 살펴보았다. 따라서 격물치지는 外物의 이치에 대한 객관적인 탐구와 산술적인 축적을 넘어서

---

30) 『朱熹集』 卷44, 2115쪽, 「答江德功2」 今不深考, 而必欲訓致知以窮理, 則於主賓之分有所未安. ─（註）知者吾心之知, 理者事物之理. 以此知彼, 自有主賓之辨, 不當以此字訓彼字.

는 것이며, 탐구 과정에 헌신하는 개인의 구체적인 문제의식에 토대를 두고 있다고 할 수 있다.[31]

물론 격물치지론은 이기론이라고 하는 존재론적 구도와 치밀하게 연동하며, 실제적 활동으로서의 격물치지론은 이치를 탐구하는 활동(窮理)을 그 본질적 요소의 하나로 한다. 특히 주희가 살았던 시대에는 주관적인 깨달음만을 강조하는 선불교적 풍토가 만연해 있었고, 이에 맞서 그는 유학의 본령에 부합하는 새로운 공부 방법을 제시해야 할 시대적 사명감을 가지고 있었다.[32] 따라서 주희는 유가의 존재 기반이라고 할 수 있는 '日常' 세계에 대한 '존재론적 설명'에 주력하지 않을 수 없었다. 이 점에서 보면, 격물치지론도 일상적 세계에 흐르는 이치를 대면하기 위해 우리들 각자가 따라야 할 하나의 객관적인 과정에 해당하는 것으로 볼 수 있다. 그러나 개인이 발을 딛고 서 있는 현실을 고려하지 않은 채, 격물치지론을 객관적인 이치에 대한 일반적 탐구로만 볼 경우 格物과 致知는 메울 수 없는 간극을 갖게 되며, 이러한 맥락에서 본다면 다음과 같은 왕양명의 비판은 나름대로의 타당성을 가지게 된다.

정자와 주자는 격물을 해석하여 천하의 모든 사물을 궁구한다고 했는데 도대체 천하의 모든 사물을 하나씩 궁구하는 것이 어떻게 가능한가? 나무 한 그루, 풀 한 포기에도 모두 理가 있다고 하는데, 도

---

31) 이 점과 관련하여 한형조는 格物이란 物의 원리를 탐구하자는 것이 아니며, 따라서 그것은 자연학적 태도가 아닌 인문학적 고민에 해당한다고 말한다. 한형조, "理氣 패러다임의 철학적 전망", 한국정신문화연구원, 『제9회 한국학 국제학술회의 논문집』(성남: 한국정신문화연구원, 1996), 216쪽.
32) Chung Tsai-chun, *The Development of the Concepts of Heaven and of Man in the Philosophy of Chu Hsi*(Taiwan: Institute of Literature and Philosophy, 1993), p.98.

대체 어떻게 궁구하면 좋은가? 더욱이 설혹 초목을 궁구하여 理를 깨달았다 하더라도 그것으로 자신의 '뜻을 진실되게 하는 것'이 어떻게 가능한가?[33]

사실 이상과 같은 왕양명의 비판을 현대의 '지식 교육론'에 적용시켜 본다면 놀랄 만큼 정확하다. 도대체 객관적 지식을 정확히 이해하는 것과 그것을 이해한 사람이 모종의 바람직한 경지에 이를 수 있다는 가정을 어떻게 관련시켜 설명할 것인가? 왕양명은 바로 이러한 문제의식에 바탕을 두고 주희의 격물치지론을 비판하고 있는 것이다. 내 밖에 있는 객관적 이치를 아는 것 자체는 내 마음을 참되게 하는 것과 아무런 논리적 관련이 없다는 것이 왕양명의 결론이다.

그러나 주희의 격물치지론의 구도는 왕양명이 생각한 것처럼 그렇게 간단하게 성립된 것이 아니라, 스스로의 치열한 공부 체험을 통해서 얻어진 산물이다. 주희는 격물치지의 출발점에 늘 기질의 제약에서 자유로울 수 없는 현실적인 마음을 놓는다. 따라서 그것은 몸과 마음을 철저하게 분리하여 보는 이원론적 사유와는 궤적을 달리한다. '격물'이라는 행위는 이미 개인이 일상 속에서 형성한 문제의식을 바탕으로 한다. 그렇지 않다면 격물은 다만 接物에 그칠 뿐 致知를 담보해 주지 못한다. 따라서 격물치지론에는 인간이 어떻게 기질의 한계를 극복하고 모종의 이상적인 경지에 이를 것인가 하는 주희의 '공부론적 고민'이 녹아들어가 있다고 볼 수 있다.

이미 언급한 바와 같이 격물치지는 단순히 외부의 객관적인 이치를 탐구하는 인식 작용 이상의 의미를 가지고 있다. 주희는 다음과 같이

---

33) 王守仁 撰, 『陽明傳習錄下』(上海古籍出版社, 2000), 291쪽, 「黃以方錄」先生曰, 先儒解格物, 爲格天下之物, 天下之物如何格得. 且謂 一草一木亦皆有理, 今如何去格. 縱格得草木來, 如何反來誠得自家意.

'致知 없는 格物(接物)'에 대해서 강도 높은 비판을 제기하면서 격물과 치지의 분리 불가능성을 역설하고 있다.

> 그대가 불교와 노장의 학문은 치지는 있되 사물에서 떠나 있다고 말하는 것은 더욱 옳지 않습니다. 대저 격물하여 치지할 수 있는 것은 마치 음식을 먹으면 저절로 배가 불러오는 것과 같습니다. 이제 격물하지 않고서도 스스로 앎이 있다고 하니, 그 앎은 망령된 것입니다. 먹지도 않고 스스로 배부르다고 여기는 것은 병입니다.[34]

격물과 치지의 분리 불가능성에 대한 주희의 언급[35]은 격물치지론에 관한 해석이 반드시 그의 '마음에 관한 이론'과 연동되어 이루어져야 함을 시사한다. 즉 격물치지론은 '중화신설'이라고 하는 마음에 관한 독특한 이론에 바탕을 두고 해석될 때 그 본지가 제대로 파악될 수 있으며, 이것이 바로 격물치지론에서 새로운 교육과정 패러다임의 씨앗을 찾고자 하는 이유이기도 하다.

이제 이 글에서 다루고자 하는 중심 주제 및 연구 방법을 간단하게 써 보면 다음과 같다. 이미 기술한 바와 같이, 제1장에서는 '지식 교육론'의 맹점이 '마음'의 본질을 이성적 측면에서만 규정함으로써 필연적으로 앎과 삶의 괴리를 낳을 수밖에 없음을 지적한 바 있다. 반면에 주희는 이성적 '마음'과는 다른 차원에서 독자적인 '마음 이론'을 확립함으로써, 나와 세계의 새로운 관계 맺음 방식을 제시하고 있는 것으로 보았다. 격물치지론은 현실적 한계를 지닌 '마음'을 토대로 세계를 바라

---

34) 『朱熹集』 卷44, 2116쪽, 「答江德功2」 又謂老佛之學乃致知而離乎物者, 此尤非是. 夫格物可以致知, 猶食所以爲飽也. 今不格物而自謂有知, 則其知者妄也. 不食而自以爲飽, 則其飽者病也.
35) 『性理大全』권48 學六, 朱子曰 致知格物只是一事. 非是今日格物 明日又致知. 格物以理言 致知以心言.

보고자 한다는 점에서 근대성에 대한 탈근대적 비판과 만날 수 있는 가능성을 가지고 있다. 제2장의 핵심적인 작업은 주희의 격물치지론과 탈근대 교육과정 담론의 연결 고리를 확인하는 일이다. 이를 위해서 먼저 '근대성－탈근대성'이라는 구도[36]를 통하여 현재 교육과정학이 당면하고 있는 문제와 그 성격을 분석해 보게 될 것이다. 그리고 이를 토대로 교육과정학 분야가 새로운 패러다임을 필요로 하고 있음을 살펴보게 될 것이다. 제3장에서는 주희의 사상적 여정을 따라가면서 그의 '마음 이론'과 '세계에 관한 이론'에 대해서 살펴볼 것이다. 이러한 작업은 우리가 격물치지론을 어떠한 코드에서 읽어야 하는지 시사해 줄 것이다. 제4장에서는 먼저 주희의 문제의식을 '정통과 이단'이라는 틀을 사용하여 살펴본 후, 그러한 문제의식이 공부론 체계 속에서 어떻게 수렴되는가를 분석해 보게 될 것이다. 이는 주희의 전체적인 사상 체계 내에서 격물치지론의 위치를 확인시켜 줄 것이다. 이어서 격물치지론의 구조 및 성격에 대한 본격적인 분석이 이루어진다. 이 과정에서 격물치지론이 단순한 인식론적 차원을 넘어서서 존재론까지 아우를 수 있는 공부론의 핵심임이 확인될 것이다. 제4장의 마지막 작업은 탈근대적 교육과정 담론들에 의해서 제기된 문제의식과 주희의 문제의식의 만남을 통해서 격물치지론이 현대 교육에 시사하는 바를 살펴보는 것

---

36) 제2장에서 본격적으로 논의되겠지만 이 글에서는 '근대성' 및 '탈근대성'이라는 개념을 '전근대－근대－탈근대'라는 구체적인 역사발전의 단계를 지칭하는 개념들과 구별하여 쓰고자 한다. 우선 근대성의 특징을 이성중심주의, 진리의 절대성과 보편성에 대한 믿음, 원자론적 기계주의, 과학적 방법에 대한 전폭적인 신뢰 등을 포섭하는 일련의 신념들로 보고, 탈근대성이란 이러한 근대적 이념들이 빚어내는 문제들에 대한 근본적인 비판에 해당하는 것으로 본다. 따라서 탈근대성은 반드시 시간상으로 근대 이후를 지칭하는 개념은 아니며, 오히려 근대성 자체에 배태되어 있는 끊임없는 비판 의식이라고 할 수 있을 것이다.

이다. 제5장에서는 이 글의 전체적인 논의를 종합해 보고, 새로운 교육
과정 패러다임을 향한 제언이 이루어지게 될 것이다.

이미 밝힌 바와 같이 이 글은 주희 사상의 전체적인 맥락에서 격물
치지론의 본질을 이해하고자 하는 시도로서, 그의 사상적 여정을 따라
가면서 진행된다. 따라서 시대 구분이 비교적 용이하고, 주희의 목소
리를 가까이에서 들려주는 그의 학문적 서간들을 주요 텍스트로 삼았
다. 이 서간들은 주희와 그의 제자·벗들이 유학의 본질을 논하고, '성
인 됨'의 이상을 실현하기 위한 공부론상의 문제에 대해서 서로 격려
와 비판을 주고받은 흔적을 생생히 담고 있다는 점에서 그 가치를 높
이 평가받고 있다.[37) 뿐만 아니라 그 문헌적 가치로 볼 때도, 주희에
관한 사실상의 '일차 자료'라고 하여도 손색이 없을 것이다.

> 『語類』 같은 글들은 그것이 비록 모두 옳은 말들이기는 하지만, 그
> 기록이 한 사람의 손에서 나온 것이 아니어서 이 또한 스승이 전한
> 뜻을 완전히 얻은 것이라고 말할 수만은 없다. 그런데 이 서찰들로
> 말하면 모두 선생께서 손수 써서 제자들을 勉進한 것으로, 그 血誠이
> 내남 사이에 어떠한 간극도 찾을 수 없다. 오로지 격물치지와 수신을
> 통하여 그 기질을 변화시키는 데 목표를 둔 것들이다.[38)

우선 『朱熹集』[39)에 실린 서간들을 연대순 및 주제별로 분류하는 작
업을 하였다. 서간들의 작성 연대는 주로 陳來의 『朱子書信編年考證』[40)

---

37) 退溪學硏究院, 『退溪全書23』, 「朱子書節要序」 今夫書札之言, 其一時師友
　　之間, 講明旨訣責勉工程, 非同於泛論如彼. 何莫非發人意, 而作人心也.
38) 위의 책, 黃俊良, 「星州印晦菴書節要跋」 如語類諸書, 雖皆雅言, 而記者非
　　一手, 亦未必盡得師傳之意也. 至於書札則皆夫子手箚而勉進, 血誠無間於人
　　已. 要以格致修爲變化氣質爲功.
39) 郭齊, 尹波 點校, 『朱熹集』(成都: 四川敎育出版社, 1996).
40) 陳來, 『朱子書信編年考證』(上海: 上海人民出版社, 1987).

34

에 의존하였으며, 부분적으로 王懋竑의『宋朱子年譜』[41]를 참고하였다. 특히 이 글에서는 주희의 서간에 들어가는 문으로 退溪 李滉의『朱子書 節要』를 활용하였다.『朱子書節要』는 무려 1,700여 통에 이르는 방대한 양의 편지를 취사선택하여 핵심적인 사안을 중심으로 줄이거나 깎아냄 으로써 보다 쉽게 주희에게 접근할 수 있는 다리 역할을 하였다.[42]

---

41) 王懋竑,『宋朱子年譜』(臺北: 臺灣商務印書館, 1982).

42) 퇴계 이황은『朱子書節要』의 편찬 동기 및 과정에 대해서 다음과 같이
    술회하고 있다. "계묘년(1543)에 중종대왕이 교서관에 명하여『朱子大全』
    을 인쇄하여 이를 배포하게 하셨다. 그리하여 비로소 나도 이러한 책이
    있다는 것을 알게 되었다. 그러나 나는 미처 그 책의 가치를 깨닫지 못
    하고 있었다. 그러다가 병으로 벼슬을 그만두고 이 책을 싣고 溪上으로
    돌아와서는 날마다 문을 닫고 조용히 들어앉아서 이를 읽었다. 이로부터
    차츰 그 말이 매우 맛이 있고 그 이치가 참으로 무궁하다는 것을 깨닫
    게 되었으며, 그중에 특히 서찰들이 더욱 감동을 느끼게 하는 바가 많았
    다 …… 그런데 다만 분량이 너무 방대해서 이를 읽고 탐구하기가 쉽지
    않았다 …… 그래서 내 자신의 역량을 잊고, 그중에 특히 학문을 하는데
    유관하고 실생활의 적용에 절실한 것들을 골라내니 …… 무릇 14권 7책
    이 되었다. 이를 본래의 글에 비교한다면 제외하고 넣지 않은 것이 거의
    3분의 2가 된다." 退溪學硏究院,『退溪全書23』,「朱子書節要序」.

Ⅱ. 교육과정 담론 : 화음에서 불협화음으로

> 탈근대성의 도래는 지난 500여 년 동안 인류의 의식 속에 강하게 자리해 온 모종의 절대적 신념 및 구조에 대해서 근본적인 의문을 제기한다. 그것이 주는 충격은 그 강도 면에서 16세기에 이루어진 코페르니쿠스와 갈릴레오의 발견에 버금가는 것이다.
>
> P. Slattery,
> *Curriculum Development in the Postmodern Era*
> (New York: Garland Publishing, 1995), p.17.

1. 갈림길에 선 교육과정

이제 교육과정 분야가 새로운 전환기에 서 있다는 사실은 누구도 부인할 수 없다. 파이너(W. F. Pinar)는 이제 교육과정 분야의 관심이 '개발(development)'에서 '이해(understanding)'의 영역으로 옮겨졌음을 선언하면서 이러한 흐름을 외면하는 학자들에게 날카로운 일침을 가하고 있다.

> 아직도 '교육과정 개발'의 시대가 끝났다는 것을 믿지 못하는 사람들이 있다. …… 그들은 오늘날 교육과정의 현실을 너무도 모른다. 교육과정 분야에는 예컨대 여전히 1954년에 처음 나온 개론서를 사용하여 학생들을 가르치고 있는, 지적으로 정체된 교육과정 전문가 집단이 남아 있다. 그들은 근근이 생명력을 유지하고 있는 구시대적인 개론서를 가르칠 뿐, 페미니즘, 탈구조주의, 현상학 등에 기반을 두고 제기되는 중요한 목소리들, 다시 말해서 젊고, 지적으로 보다 종합적인 안목을 가진 학자들의 주장에 침묵으로 일관하고 있다.[1]

파이너는 1970년대를 시작으로 지난 20년 동안 미국의 교육과정 분야가 그 핵심 개념, 연구 방법, 보다 큰 틀로서의 교육학 내에서의 위치 및 역할에 대해서 근본적인 재개념화를 이룸으로써 중대한 변화를 겪었다고 본다. 그러나 이러한 변화는 파이너가 지적한 바와 같이 교육과정 연구자들 사이에서도 광범위하게 공유되지 못하고 있다. 그는 교육과정 분야를 다루는 개론서들에 대한 실제적인 분석을 통해서 무엇보다 심각한 문제는 그것들이 최근의 연구 동향과 성과들을 상대적으

---

1) W. F. Pinar, et al., *Understanding Curriculum*(New York: Peter Lang, 1995), pp.5-6.

로 소홀히 하고 있다는 사실이라고 주장한다. 극소수를 제외하고는 현대의 교육과정 분야를 광범위하게 다룬 개론서들을 거의 찾아볼 수 없었으며, 그것은 부분적으로 1970년대의 교육과정 패러다임 전환에 대한 반작용과 관계된다고 보았다.[2] 파이너에 따르면, 어떤 분야가 지배적인 패러다임에서 새로운 패러다임으로 이동할 경우, 대부분의 학자들은 기존의 패러다임에 집착하게 된다. 새로운 생각들을 받아들이는 것은 결코 쉬운 일이 아니다. 그러기에 이미 지나가 버린 영역에 대한 향수에 젖게 된다는 것이다. 그는 전형적인 예로 태너 부부(Daniel & Laurel Tanner)가 1990년에 쓴 『학교 교육과정사』[3]를 든다. 이 책은 1970년대의 패러다임 전환을 담지 않음으로써 교육과정의 역사를 잘라 버렸다는 비난을 면하기 어렵다는 것이다.[4]

파이너가 지적한 바와 같이 교육과정 분야가 전통적인 패러다임을

---

2) 파이너는 '교육과정 개발'에 주안점을 두는 전통적인 패러다임이 '교육과정에 대한 이해'를 중시하는 새로운 패러다임으로 대체되었다고 주장한다. 이러한 생각은 그가 교육과정학자들을 전통주의자, 개념적 – 경험주의자, 재개념주의자로 분류한 것과 맥을 같이한다. 전통주의자들은 교육과정 탐구의 가치를 교육과정 개발과 같은 실제적 업무에 유용한 지침이나 방법을 찾는 데에 두고 있으며, 개념적 경험주의자들은 교육과정 현상에 관련된 개념이나 아이디어를 과학적으로 명확하게 밝히고자 한다. 재개념주의자들은 전통주의자나 개념적 – 경험주의자들처럼 처방과 설명에 관심을 갖기보다는 교육 현상에 대한 이해에 초점을 둔다. 그들은 교육과정 현상을 탈역사적, 가치중립적 입장에서 재단하려는 과학주의적 성향을 거부하고, 현상학, 해석학, 미학, 정치경제학 등 다양한 시각에서 교육과정의 본질을 새롭게 규명하고자 한다. 따라서 그들의 성향을 한마디로 요약한다는 것은 쉬운 일이 아니다. H. A. Giroux, A. N. Penna, W. F. Pinar, Eds. *Curriculum and Instruction*, 한준상, 김종량, 김명희 옮김, 『교육과정논쟁』 (서울: 집문당, 1988), 103 – 115쪽 참조.

3) Daniel Tanner & Laurel Tanner, *History of the School Curriculum*(New York: Macmillan Publishing Company, 1990).

4) W. F. Pinar, et al., 앞의 책, pp.12 – 13.

넘어서서 새로운 패러다임에 들어섰는가 하는 문제는 이론적인 측면 뿐만 아니라 실제적인 측면에서도 보다 면밀하게 검토될 필요가 있다. 그러나 여기에서 우리가 주목해야 할 사실은 전통적인 교육과정 이론과는 다른 각도에서 교육과정 현상을 보는 또 하나의 눈이 있을 수 있다는 것이다. 즉 그는 교육과정의 중심을 설명 및 처방에 두고 실증주의적 입장에서 교육과정 현상을 과학적으로 규명하려는 전통적인 입장을 넘어서서 교육과정 현상을 그 자체로서 이해할 것을 요구한다. 따라서 교육과정의 관심은 고정된 텍스트를 개발하여 효과적으로 가르치는 것을 넘어서서, 열려 있는 텍스트로서의 교육 내지 교육과정 현상에 대한 이해의 영역으로 옮겨지게 되는 것이다.[5]

교육과정 현상이 열려 있는 텍스트가 된다는 것은 그것이 더 이상 실증적 연구의 전유물이 아니라 하나의 해석의 대상으로 우리에게 새롭게

---

5) 이들 두 패러다임의 차이는 교육과정 (curriculum)의 어원인 라틴어 'currere' 에 대한 상반된 해석에서 분명하게 드러난다. 전통적인 해석에서는 currere 를 경마장에서 말이 뛰는 길(course of the race)을 뜻하는 명사로 본다. 즉 경마장에서 말이 뛰는 길은 정해져 있으며, 다른 길을 뛰는 것은 허용치 않는다. 이와 같이 학교에서 학생들이 공부할 내용도 미리 정해져 있으며, 다른 내용을 배우는 것을 허용치 않는다. 파이너는 currere의 동사적 측면을 강조한다. 즉 currere는 경주에서 각각의 말들이 코스를 따라 달리는 것(running of the race)으로서, 그것은 오히려 각각의 개인적인 경험을 지칭한다. 즉 currere는 외부로부터 미리 마련되어 교육을 통하여 아동들에게 일방적으로 주어지는 내용이 아니라, 교육 활동 속에서 아동들 각자가 갖는 경험의 본질인 것이다. 'curriculum'이 외부에서 나에게 주어지는 하나의 자료라면, 내가 그 자료를 해석하고 이해함으로써 갖게 되는 경험들은 'currere'인 것이다. 김종서 외 3인, 『교육과정이론』 (서울: 한국방송통신대학교출판부, 1995), 4쪽; 허숙, "교육과정의 재개념화를 위한 이론적 탐색", 허숙, 유혜령 편, 앞의 책, 121–122쪽; W. H. Schubert, *Curriculum: Perspective, Paradigm, and Possibility*, 연세대학교 교육과정연구회 옮김, 『교육과정이론』(서울: 양서원, 1992), 43쪽.

다가온다는 것을 의미한다. 이제 교육과정 현상에 대한 탐구는 확실성
보다는 불확실성과 애매성을 전제로 하며,6) 따라서 그것은 새로운 탐구
논리, 즉 객관적 인식의 전제인 근대 과학적 가정들을 극복할 수 있는
새로운 해석학적 탐구를 필요로 한다. 가다머(Hans‐Georg Gadamer)
는 이러한 해석학적 탐구의 본질을 다음과 같이 요약한다.

> 그 역사적 기원에서 보면 해석학의 문제는 근대 과학의 방법 개념
> 에 따른 테두리를 넘어선다. 텍스트의 이해와 해석은 과학의 관심사일
> 뿐만 아니라, 명백히 세계에 대한 인간의 경험 전체와 관련된 문제이
> 기도 하다. 해석학적 현상은 그 본질상 결코 방법의 문제로 보아서는
> 안 된다. 해석학적 현상을 이해의 한 방법으로 본다면, 다른 모든 경험
> 대상과 마찬가지로 텍스트도 과학적 탐구의 대상으로 전락하게 된다.
> 해석학적 현상은 본질적으로 과학의 방법적 이상에 부합하는 검증
> 된 지식을 축적시키는 일 따위가 아니다. 물론 그렇다고 해서 해석학
> 적 현상이 지식 및 진리의 문제와 관계가 없다는 말은 아니다. 전통
> 을 이해한다는 것은 텍스트에 대한 이해에만 국한되는 문제가 아니
> 라, 안목도 획득되고 진리도 받아들여지는 것이다.7)

가다머는 이러한 문제의식을 바탕으로 이후의 논의를 통해서 해석
학의 역사에 있어서 하나의 전환점을 보여준다. 그는 지금까지의 인식
론적, 방법론적 해석학의 작업을 존재론적 작업으로 전환시킨다. 가다
머는 이제 '올바른 이해'의 방법을 문제 삼지 않고 '이해란 무엇인가'
라는 근원적인 물음을 제기한다. 따라서 그의 해석학은 우리에게, 무
엇을 이해할 때 사용해야 하는 올바른 규칙이라든가, 올바른 이해의

---

6) P. Slattery, *Curriculum Development in the Postmodern Erq* (New York: Garland Publishing, 1995), p.103.
7) Hans‐Georg Gadamer, *Truth and Method*(New York: Crossroad, 1982), p. xi

방식과 같은 것을 제시하지 않으며, 인간의 모든 이해 일반을 대상으로 이해가 어떤 조건 아래서 일어나는지를 밝히는 것을 목표로 하고 있다.[8] 특히 가다머는 진리가 전통의 그늘 아래 있음을 강조함으로써[9] 우리가 가지게 되는 이해는 필연적으로 이러한 전통에서 자유로울 수 없다고 본다. 따라서 우리에게 주어진 현상을 객관적으로 인식할 수 있다고 가정하는 실증주의의 믿음은 헛된 것으로 간주된다.

실증주의는 전통 및 선입견으로부터 자유로운 탈역사적 이성의 인식 작용에 의해 대상이 지닌 '의미 그 자체'를 객관적으로 파악할 수 있다는 계몽의 기획에 바탕을 두고, 해석자인 나와 해석의 대상 사이의 '地平의 融合'[10]에 의한 새로운 의미의 생성 가능성을 차단하고 있다는 가다머의 비판은 전통적 교육 패러다임에 대한 파이너의 문제의식과 결코 다르지 않다. 파이너의 지적대로 이제 교육과정학은 효율성 내지 적합성의 문제를 넘어서서 전통적인 교육 패러다임의 중심 개념들에 대한 해체 및 재개념화 작업을 필요로 한다고 하겠다. 이 글에서 문제 삼고자 하는 것도 바로 지식을 절대적인 것으로 보고, 학습자를 이러한 지식의 단순한 수용자로,[11] 교사를 효과적인 지식의 전달자로 보는 전통적인 패러다임의 정당성 문제이다. 지식의 본질에 대한 전통적 인식론의 가정이 허물어진다는 것은 개인이 새로운 의미의 해석자

---

8) 이구슬, "전통과 비판: 가다머와 하버마스의 해석학 논쟁"(서울대학교대학원 박사학위논문, 1994), 10쪽, 14쪽.

9) Hans-Georg Gadamer, 앞의 책, p. v.

10) 최상의 해석적 경험으로서의 '지평의 융합'에는 '완전성의 豫期' 혹은 '텍스트에 대한 선의지'가 상정되어 있다. 데리다는 가다머에 대해서 이러한 작업이 '진리에 관한 유행 지난 형이상학적 관념'으로 복귀하는 것에 지나지 않는다고 비판한다. G. Warnke, *Gadamer: Hermeneutics, Tradition and Reason*, 이한우 옮김, 『가다머의 철학적 해석학』(서울: 사상사, 1993), 150쪽.

11) W. E. Doll, Jr., A *Post-Modern Perspective on Curriculum*(New York: Teachers College, Columbia University, 1993), p.8.

내지 생성자로 자리매김될 수 있다는 것을 의미한다. 결국 교육과정에서 전통적인 지식관을 문제 삼는다는 것은 이성적 존재로서의 근대적 주체에 대한 부정을 통해서, 나와 세계의 새로운 '관계 맺음 방식'을 찾고자 하는 시도에 다름이 아니다.

절대적·객관적 지식의 원천으로서의 근대적 주체에 대한 해체는 근대성(modernity) 자체에 대한 근본 비판과 직결된다. 이하에서 자세하게 논의하겠지만, 이 글에서는 우선 근대성의 특징을 '이성'이라는 하나의 유일한 선율에 따라 일사불란하게 음을 맞춰 가는 연주회와 같다고 본다. 그것은 다양성보다는 통일성을 지향한다는 점에서 중심으로부터의 이탈 가능성을 인정하지 않는다. 물론 객관적 이성의 자리를 없앤 채, 저마다 각자의 음색에 따라 연주하는 탈근대의 음악회는 근대성의 틀에서 보면 시끄러운 불협화음에 불과할 것이다. 어쩌면 탈근대성(postmodernity)은 그 본질상 목소리가 한 점으로 수렴되는 것 자체가 불가능한 것인지도 모른다. 사실 탈근대성은 처음부터 '합침'보다는 '갈라짐'의 사유에 가까운 것이라고 할 수 있다. 그러므로 탈근대성이 하나의 완결된 목소리로 모아지지 않는다고 해서 그 정당성 자체마저 부정되어서는 안 된다. 이돈희는 탈근대적 사고가 이미 교육의 장을 포함한 우리의 현실적 삶에 강하게 침투하여 구체적 현상으로 자리잡아 가고 있음을 적시하면서, 그 특징을 다음과 같이 요약하고 있다.

탈근대성은 갑자기 출현하여 선풍적 관심의 대상이 된 것도 아니다. 그것은 오히려 인간의 문화적 전통이 이어져 온 과정의 결과적 현상으로서 경직된 판단의 기준과 절대화된 가치 체제의 논리로부터 자유롭고자 하는 의식의 표현이기도 하다. 그것은 특징적으로 보편주의적 사고나 신념의 붕괴, 관료주의적 제도나 행동에의 저항, 거대담론적 지배의 거부를 의미한다. 우리의 삶을 이끄는 지식, 가치, 그리

고 제도는 인간 경험의 우연성에서 기인한 것이며, 그만큼의 상대성
을 지닌다는 것이다.[12)

2. 세계를 읽는 두 가지 코드 : 근대성 - 탈근대성

슬래터리(P. Slattery)는 인류가 새로운 인식의 영역으로 접어들었다
는 점에서 근대성에서 탈근대성으로 패러다임 전환이 이루어졌다고 선
언한다.[13) 쿤(T. S. Kuhn)은 패러다임 전환 과정을 다음과 같이 설명
한다. 즉 정상 과학(normal science)의 단계에서는 어떤 연구 과제를 다
룰 때, 과학자들은 현재의 지도적 이론을 일종의 게임 규칙으로 전제하
면서 '수수께끼 풀이(puzzle - solving)'에 몰두한다. 그러나 정상 과학이
진행되면서 지배적인 패러다임에 부합되지 않는 여러 예외들이 발견된
다. 그런데 가끔 어떤 예외들은 기존 패러다임의 근본적 정식화에 심각
한 도전을 야기하고, 그것이 정상 과학에 대한 평범한 수수께끼 이상의
차원으로 인식될 때 위기로 전환되며, 비상 과학(extraordinary science)
이 시작된다. 이 위기에 대응하기 위해 다양한 패러다임이 출현하며, 이
단계에서는 서로 경쟁하는 이론들이 폭발적으로 출현하여 근본적인 문
제들에 대한 논쟁이 가열된다. 차츰 기존의 패러다임이 좀 더 설득력
있는 새로운 패러다임에 의해 대체되면서, 위기는 수습되고 새로운 정
상 과학의 과정이 재개된다.[14) 이제 쿤의 생생한 목소리를 들어보자.

---

12) 이돈희, "대전환기의 교육 패러다임: 공교육 제도의 위기와 대응"(서울: 한
   국교육학회, 2000), 2000년도 한국교육학회 춘계학술대회 기조강연문, 8 - 9쪽.
13) P. Slattery, 앞의 책, p.7.
14) 윤평중, 『푸코와 하버마스를 넘어서』(서울: 교보문고, 1990), 78 - 80쪽.

위기에 서 있는 패러다임에서 정상 과학의 새로운 전통을 낳을 수 있는 새로운 패러다임으로의 전환은 기존 패러다임의 정교화 내지 외연의 확장에 의해서 이루어지는 단순한 산술적 과정과는 거리가 먼 것이다. …… 패러다임 전환이 이루어지는 동안에는 신·구 패러다임 어느 쪽에서 접근하든 해결이 가능한 문제들이 전체적으로 그런 것은 아니지만 상당 부분 겹쳐 있다. 그러나 또한 해결 양상에 있어서는 본질적인 차이가 있다. 패러다임 전환이 완전히 이루어지면, 전문적인 학자들은 자신들의 과학관은 물론 방법론과 목적들을 수정하게 된다.[15]

패러다임 전환에 관한 쿤의 이와 같은 생각은 과학적 현상을 보는 새로운 시각의 출현에 관한 이론이다. 그러나 그의 이론은 텍스트로서의 세계 전체를 실증주의와는 다른 각도에서 보고자 하는 현대 해석학의 문제의식과도 맞닿아 있다고 할 수 있다. 쿤에 따르면, 특정 패러다임 아래서 활동하는 과학자들은 과학적 현상을 탐구할 때 전적으로 객관적일 수가 없다. 왜냐하면 그는 늘 현재의 지도적 패러다임의 테두리, 다시 말해서 자신의 학문적 전통에 바탕을 두고 과학적 현상을 해석하기 때문이다. 쿤은 『과학 혁명의 구조』를 쓸 당시에 해석학에 대해 완전히 무지했으나 나중에 '해석과 이해'라고 하는 해석학적 주제가 스스로의 저작을 관통하고 있다는 사실을 깨닫게 되었다고 한다. 특히 "내 경우, 해석학을 발견함으로써 역사가 중요하다는 사실 이상을 깨닫게 되었는데, 해석학과의 조우에서 직접적이고 결정적인 영향은 나의 과학관에 대한 것이었다."라는 그의 고백에서 우리는 이 점을 다시 한번 확인할 수 있다.[16]

과학사에 대한 통찰을 통해서 얻어진 쿤의 문제의식과 현대 해석학

---

15) T. S. Kuhn, *The Structure of Scientific Revolutions*(Chicago: The University of Chicago Press, 1970), pp.84−85.
16) 윤평중, 앞의 책, 88−89쪽 참조.

에서 줄기차게 제기하는 문제는 우리와 마주 서 있는 '세계 내지 텍스트의 개방성'에 관련된 것이다. 즉 세계는 모종의 기계론적 법칙에 따라 움직이며, 그것은 절대 이성의 투명한 능력에 의해서 고스란히 드러날 수 있다는 근대성의 신념 자체를 문제 삼는 것이다. 오늘날 근대성의 이러한 신념들을 문제 삼고자 하는 흐름들을 탈근대성이라고 하는 테두리에 모을 수 있다고 한다면, 탈근대성의 뿌리는 인간을 절대 이성에 의한 사유의 주체로 세운 데카르트 이전 혹은 물질에 대한 정신의 우위를 주장한 플라톤 이전의 세계로 거슬러 올라갈 수도 있을 것이다. 하이데거(M. Heidegger)는 "니체(F. Nietzsche)까지를 포함한 근세 형이상학 전체는, 데카르트(R. Descartes)가 길을 터준, 존재자 및 진리에 관한 해석에 머무르고 있다"[17]고 말함으로써 근대성 비판의 핵심부에 데카르트를 놓고, 아울러 니체를 서양 철학사에서 하나의 전환점으로 보고 있다.

데카르트는 자신의 목표를 철학에 절대적으로 확실한 길과 건물을 제공해 주는 것으로 생각하였다. 철학 체계 전체가 수학과 기하학의 진리들과 마찬가지로 분명하고 일관성이 있게 발전되어야 한다는 것이다. 그는 진리라고 믿는 것에서 거듭 나타나고 있는 불확실성으로부터 벗어나 하나의 새롭고 완전한 바탕을 세우려는 자신의 결심을 다음과 같이 표현하고 있다.

나는 나를 인도하기 위하여 오직 나 자신만을 의지해야 되겠다는 생각을 갖지 않을 수가 없게 되었다. 그래서 홀로 어둠 속을 걷는 사람처럼 나는 아주 천천히 가야 한다고 결심하였고, 그래서 모든 점에서 신중을 기해야 한다고 생각하였다. 그리고 만약 내가 거의 전진하

---

17) 요한네스 힐쉬베르거 지음, 강성위 옮김, 『서양 철학사, 하권』(대구: 이문출판사, 1987), 155쪽에서 재인용.

지 못한다고 해도 적어도 넘어지는 것만을 피하려고 결심했다. 그런
데 내가 나 홀로 기도하였던 일의 계획을 실천에 옮기는 데에, 즉 나
의 정신이 가능한 한에서 모든 사물들의 인식에 도달하기 위한 참다
운 방법을 탐구하는 데에 미리 충분한 시간을 소모하지 못한 점은 결
코 내가 바라는 바가 아니었던 것이다.[18]

데카르트의 출발점, 즉 모든 사물의 인식에 도달하기 위한 참다운
방법의 탐구는 절대적 회의이다. 데카르트는 "도대체 우리들이 확실한
것이라고 받아들일 수 있는 것은 무엇인가?"라고 질문을 던진다. 그리
고 그는 사람들이 모든 것들에 있어서 속임수를 당하더라도, 두 가지
사실, 즉 '생각한다는 사실'과 생각을 하고 있는 '나'의 존재는 확실하
다고 보고 다음과 같이 결론짓는다.

이제는 내가 진리의 탐구에 종사하려고 하므로 나는 전과 전혀 다
르게 일을 해야 한다고 생각하였다. 이리하여 나는 조금이라도 의심
할 수 있는 것은 전부 엉터리라고 거절하기로 하였다. …… 나는 나
의 정신 안에 들어왔던 모든 것이 꿈이 지니는 환상만큼이나 참되지
못하다고 일부러 생각하여 보려고 결심하였다. 그러나 이렇게 모든
것이 거짓이라고 내가 생각해 보려고 원하고 있는 동안에, 그렇게 생
각하는 나는 반드시 어떤 무엇이어야 한다고 생각하였으며, 그리하여
'나는 생각한다. 그러므로 나는 존재한다.'라는 진리가 너무도 견고하
고 확실한 것이어서, 가장 과장이 심한 회의론자의 주장도 그런 진리
를 흔들어 놓을 수 없다고 생각하였다. 그리하여 나는 그러한 진리를
조금의 두려움도 없이 내가 탐구하려고 하였던 철학의 제1원리로 받
아들일 수 있다고 생각하였다.[19]

---

18) 르네 데카르트, 김형효 옮김, 『방법서설, 성찰, 정념론, 철학의 원리 외』
    (서울: 삼성출판사, 1982), 「방법서설 제2부」, 55쪽.
19) 르네 데카르트, 위의 책, 제4부, 74쪽.

이처럼 데카르트는 이성적 사유의 주체를 진리 파악의 기원점으로 '실체화'함으로써 인식의 명징성과 확실성을 확보하고자 하였다.[20] 니체에 의하면, 데카르트의 잘못은 '사유하는 것은 하나의 행위이며, 모든 행위에는 행위 주체가 있다'는 사실로부터 사유하는 주체도 존재한다고 믿었다는 점에 있다. 이러한 믿음은 결국 발생하는 모든 것에는 무엇인가의 주어, 즉 주체가 있다는 생각을 강화시켰으며, 이로 인해 사람들은 인간의 행위에서뿐만 아니라 자연 안에서 일어나는 사건에 대해서도 作用因과 目的因을 찾게 되었다는 것이다. 서양 형이상학과 논리학에는 끊임없이 생성과 변화를 거듭하고 있는 세계 속에서, 이 세계를 떠받쳐 주는 실체를 요청하고자 하는 욕망이 표현되어 있고, 그 결과 현상계와 구별되는 예지계 또는 물 자체의 세계가 상정되고, 그것만이 진정한 세계라는 생각이 뿌리깊이 깔리게 되었다는 것이다. 이처럼 실체 개념은 주체 개념에 뿌리를 두고 있기에, 니체는 실체 개념은 주체 개념의 결과이지 그 반대가 아니며, 따라서 주체를 포기하면 실체 일반에 대한 전제도 없어진다고 말함으로써 서양 형이상학의 뿌리를 건드리고 있다.[21]

하이데거도 니체와 마찬가지로 근대 주체성 철학의 출발점을 데카르트로 본다. 하이데거는 근대의 특징을 한마디로 '世界像의 시대'로 요약한다. 근대성은 자연과 역사를 포함한 존재자 전체를 상(Bild)으로 만들었다. 존재자를 '앞에 세움', 즉 생산하는 인간의 '표상'으로 삼아버린 데에 근대성의 본질이 있는 것이다.[22] 결국 자연이나 세계가

---

20) 윤평중, "푸코: 주체의 계보학과 윤리학", 윤효녕 외 3인, 『주체 개념의 비판』(서울: 서울대학교출판부, 1999), 157쪽.
21) 강영안, 『주체는 죽었는가』(서울: 문예출판사, 1996), 159-163쪽 참조.
22) 강영안, "주체의 자리", 길희성 외 지음, 『전통·근대·탈근대의 철학적 조명』(서울: 철학과현실사, 1999), 86-87쪽.

상으로 된다는 것과 존재자 중에 인간이 그것을 지배하는 두드러진 주체가 된다는 것은 동일한 과정이며, 이것이 곧 근대의 결정적인 본질이라고 할 수 있다.

그러나 하이데거는 자연 자체를 달리 정의한다. 그에 의하면 자연이란 인간의 의욕이나 신의 의지에 의해서 태어난 것이 아니라, 제 스스로 발현하여 드러난 것(physis)이다. 다시 말해 자연은 인과적 작용자에 의해 표상적으로 혹은 섭리적으로 산출된 것이 아니라, 마치 꽃이 때를 만나 제 스스로 피어나듯이 자신의 고유한 본성을 스스로 드러낸 것이다. 따라서 자연은 인간에 의해서 지배되는 것이 아니라, 제 스스로 권리를 지닌 채, 자기를 관장하며 지배하는 것이기 때문에, 굳이 주체라는 표현을 사용한다고 하더라도 더 이상 인간만이 주체가 되는 것이 아니라, 스스로 발현하는 자연 내의 모든 존재자가 주체가 될 수 있다는 것이다.[23]

주체의 허구성에 대한 니체의 비판과 인간 중심주의의 독단에 대한 하이데거의 비판은 근대의 이성적이고 자율적인 주체 개념에 대한 탈근대적 비판의 시발점이라고 할 수 있을 것이다. 따라서 탈근대성은 근대성의 끝자락에 위치한 반근대성의 아류로서 어느 날 갑자기 분출한 사건이 아니라, 항상 극점을 향해 치달아 가고자 하는 인간의 오만을 경계하려는 하나의 향성이라고 할 수 있을지도 모른다. 이 점과 관련하여 우리는 리오타르(Jean-Francois Lyotard)의 언급에 주목한다.

그렇다면 탈근대(postmodern)란 무엇인가? 그것은 수많은 이미지와 내러티브를 지탱하고 있는 규칙들을 문제 삼는 혼란스러운 작업의 어디쯤에 자리하고 있는가? 탈근대는 결코 근대와 동떨어져 있는 것

---

23) 김종욱, "근대적 주체의 형성과 해체", 한국하이데거학회 편, 『하이데거와 근대성』(서울: 철학과현실사, 1999), 165-167쪽.

이 아니다. 우리가 받아들이고 있는 모든 사실들은 그것이 설사 하루 전의 것이라고 하더라도 의심의 눈길을 거두어서는 안 된다. 세잔이 허물고자 했던 공간은 무엇이었던가? 바로 인상파의 그것이었다. 피카소와 브라크가 도전했던 공간은 또한 세잔의 것이었다. …… 모든 시대는 경이적인 속도로 스쳐가고 있다. 어떠한 작품이든 먼저 탈근대적이지 않고는 결코 근대적인 것이 될 수 없다. 그러므로 탈근대성이란 근대성의 끝자락이 아니라, 그 안에서 생성되어 끊임없이 살아 숨쉬는 것이다.[24]

탈근대성을 극단적 인간 중심주의가 빚어낸 폐해를 극복하려는 노력, 다시 말해서 근대성의 극점에서 돌아서려는 하나의 向性으로 본다면, 이것은 허무로 흐를 수 있는 오늘날의 근대적 주체 개념에 대한 맹목적인 해체 작업을 극복할 수 있는 하나의 계기로 작용할 수 있을 것이다. 그리핀(D. R. Griffin)은 탈근대성의 본질에 대해서 다음과 같이 말하고 있다.

금세기에 탈근대성이라는 말이 급속하게 퍼져 나가고 있는 것은 근대를 거부하고자 하는 정서가 전에 비해 훨씬 광범위하고 강력해졌음을 보여준다. 뿐만 아니라 그것은 전근대적 존재론으로의 회귀를 통해서가 아니라, 근대성 자체를 넘어섬으로써 그것을 성공적으로 극복할 수 있다는 자신감을 드러내는 것이기도 하다.

탈근대성이라는 용어가 사용되는 다양한 방식에서 그 공통된 특성을 도출해 볼 때, 그것은 어떤 일련의 공통된 교의들을 대표한다기보다는 모종의 다양한 정서, 다시 말해서 인류가 근대성을 넘어설 수 있다는 가능성과 당위성을 말해 주는 것으로 보인다.[25]

---

24) Jean-Francois Lyotard, Don Barry et, al.(trans.), *The Postmodern Explained*(Minneapolis: University of Minnesota Press, 1993), pp.12-13.
25) D. R. Griffin et al., *Founders of Constructive Postmodern Philosophy*

한 걸음 더 나아가서 그리핀은 탈근대성을 해체적(deconstructive) 탈근대주의와 구성적(constructive) 탈근대주의로 구분하여 논하고 있다. 전자가 해체 그 자체에 무게를 둔 것이라면, 후자는 해체의 필요성은 인정하지만 어디까지나 해체를 발판으로 새로운 구성을 꿈꾼다. 결국 이들 양자의 차이는 근대적 세계관을 대체할 새로운 세계관을 정립하려고 하느냐 그렇지 않느냐에 있다.[26] 그리핀은 해체주의자들의 공적을 무시하는 것은 아니지만, 결국 그들의 해체 작업은 상대주의와 허무주의로 귀결될 수밖에 없다고 본다. 그는 세계관 자체의 정립 가능성을 부정함으로써 근대적 세계관을 극복할 수 있다고 보지 않는다. 오히려 근대성의 전제 및 개념들에 대한 수정을 통해서 탈근대적 세계관을 정립할 수 있다고 본다. 하지만 그리핀 역시 해체주의자들로부터 근대의 테두리에 속하는 신, 진리 등의 관념을 사용하여 세계관을 정립하려 한다는 의미에서, 근대성의 아류라는 비난을 받기도 한다. 그러나 이러한 비난이 그리핀의 노력 자체에 흠집이 될 수는 없다고 본다. 어느 면에서 보면, 탈근대성의 사명은 근대성의 치부를 드러냄으로써 세계를 읽는 또 하나의 코드가 존재할 수 있다는 희망을 준 것으로 족한 것인지도 모른다. 이 점과 관련하여 "주체의 그림은 이미 그려져 있는 것이 아니라, 계속해서 '한계를 넘어서려는 태도'에 의해 창조적으로 만들어지는 것이다"라는 윤평중의 지적[27]은 이후 탈근대적 주체 논의를 교육학적으로 풀어 가려는 우리에게 시사하는 바가 크다고 하겠다.

(New York: State University of New York Press, 1993), pp.ⅶ-ⅷ.
26) 위의 책, pp.1-4.
27) 윤평중, 앞의 글, 187쪽.

3. 탈근대 교육과정학의 성격

오늘날 근대성의 병폐에 대한 탐색은 다양한 각도에서 이루어지고 있다. 그러나 이 시점에서 우리가 주목해야 할 사실은 이러한 병폐의 상당 부분은 절대 이성을 앞세운 인간의 독단이 빚은 산물이라는 것이다. 인간이 세계를 거두어들이기 위해 던진 '이성이라는 그물'에 스스로가 빠져들어 자기 소외와 상실을 경험하고 있는 셈이다. 그러기에 탈근대성이 가장 문제 삼는 것 중의 하나가 바로 근대적 주체 개념이다.[28]

교육은 주체들 사이의 상호 작용을 그 본질적 요소로 한다는 점에서 근대적 주체 개념에 대한 비판에서 결코 비켜 서 있을 수 없다.[29] 앞에서 이미 살펴본 바와 같이 근대성에 대한 비판의 요체는 그것이 상정하고 있는 절대적·객관적 이성이 현실적으로 존재하지 않는다는 데에 있다. 근대성은 절대 이성을 앞세워 세계를 철저하게 대상화시킴으로써 인류의 존립 자체까지 위협할 수 있는 심각한 위기를 초래하고 있다. 예컨대 현재 인류의 생존을 위협하고 있는 가장 심각한 문제라고 할 수 있는 '생태학적 위기'는 근대적 이성의 자연 지배적인 태도에 의해서 초래된 비극이다. 따라서 이러한 태도가 근본적으로 수정됨으로써 인간과 인간, 인간과 자연의 관계가 새롭게 규정되지 않는다면 이것은 결코 해결될 수 없는 문제로 남게 된다.[30]

---

28) 윤효녕, "주체 논의의 현단계: 무엇이 문제인가?", 윤효녕 외 3인, 『주체 개념의 비판』(서울: 서울대학교출판부, 1999), 1쪽.
29) Gert J. J. Biesta, "Pedagogy Without Humanism: Foucault and the Subject of Education", *Inter Change*(The Netherlands, Dordrecht: Kluwer Academic Publishers, 1998), Volume29 No.1, p.2.
30) 송영배, "세계화 시대의 유교적 윤리관의 의미", 『철학』, 제62집(서울: 한국철학회, 2000. 봄), 15쪽, 25쪽.

인간이 절대 이성의 소유자여야 한다는 근대성의 이념은 다음과 같은 두 가지 차원에서 교육의 성격을 결정한다. 첫째, 세계 안에는 모종의 질서가 존재하며, 우리는 이성의 인식 작용에 의해 그것을 온전하게 표상해 낼 수 있다. 이러한 표상의 결과물로서의 지식은 객관적·절대적인 것으로 받아들여진다. 인간이 이러한 지식을 가진다는 것은 그만큼 그 자신을 포함한 세계 전체를 지배할 수 있는 힘이 커진다는 것을 의미한다. 근대적 의미에서의 이성은 인간의 욕망 자체에 대한 정당성을 문제 삼기보다는 그것을 충족시켜 줄 수 있는 가장 효과적인 수단을 찾으려고 노력해왔다는 점에서 '도구적 이성'이라고 부를 수 있다.

근대성의 구도에서 보면, 교육은 오직 도구적 이성의 배양, 다시 말해서 무한한 욕망을 충족시켜 줄 수 있는 지식의 창출 및 획득에 관심을 집중시키게 된다. 그러기에 인간이 추구하는 욕망의 정당성을 따지고, 온당한 방향으로 그것들을 조절할 수 있는 능력을 기르는 데에는 자연히 소홀해질 수밖에 없게 된다. 따라서 교육과정 분야의 관심사 또한 지식의 본질에 대한 근본적인 의문을 제기하기보다는 내용 선정의 적합성, 전달 방법의 효율성 등에 모아질 수밖에 없게 된다. 파이너와 레이놀즈(W. M. Reynolds)에 의하면, 교육과정학의 역사는 곧 교육과정을 개발하기 위한 경쟁적인 노력에 다름이 아니었다. '개발 중심' 패러다임에 기반을 둔 사회적 효율성 신봉자들은 교육과정, 학생, 졸업생을 각각 생산라인, 원료, 완제품에 견준다.[31] 물론 이러한 모습은 근대적 교육과정 패러다임의 한 단면에 불과하지만 오늘날에도 여전히 가장 강력한 매력으로 작용하고 있음 또한 부인할 수 없는

---

31) W. F. Pinar, W. M. Reynolds(Eds.), *Understanding Curriculum as Phenomenological and Deconstructed Text*(New York: Teachers College, Columbia University, 1992), p.1.

사실이다. 1997년 12월에 고시되어 몇 차례의 부분 개정(2004. 11;
2005. 12; 2006. 8)을 거쳐 다시 수정 절차를 밟고 있는 현행 '제7차
교육과정'도 예외는 아니다. '제7차 교육과정'은 '21세기를 주도할 자율
적이고 창의적인 한국인 육성'이라는 목표하에 국민 공통 기본 교육과
정, 학생의 과목 선택권의 확대, 수준별 교육과정 등을 도입하고 있
다.[32] 그러나 이러한 조처들은 '학생 중심 교육과정'이라는 외적인 슬
로건과는 달리, 짜여진 목표에 따라 과목을 조직하고, 그것의 효과적
인 수용을 위해 학생들을 철저히 가르거나 몰아세우는 작업에 다름이
아닌 것으로 보인다. 물론 '제7차 교육과정'은 새로운 세기를 향한 교
육 개혁이라는 세계적 흐름에 맞춰, 현대 교육이 당면하고 있는 문제
에 대한 분석을 통해서, 개별 학습자의 능력 수준의 존중, 학습자의
필요 및 적성에 따른 선택권의 확대, 학습 환경의 개선 등과 같은 일
련의 처방들을 내놓고 있다. 그러나 이러한 처방들이 간과하고 있는
점은, 현대 교육이 노정하고 있는 문제들이 근대 교육적 패러다임 안
에서 발생하는 하나의 병리 현상을 넘어선다는 점이다. 예를 들어 현
재 교육 문제의 한 축으로 이야기되고 있는 탈학교 현상 내지 대안
교육의 흐름은 기존의 패러다임 아래서 보면, 부적응 혹은 일탈의 문
제 이상이 아니다. 그러나 시각을 달리하여 보면, 이러한 흐름들 자체
가 하나의 병리 현상이라기보다는 모종의 단계를 향한 '이행 과정'에
해당하는 것일 수도 있다. 만약 이러한 움직임이 새로운 교육과정 패
러다임에 대한 요구의 분출이라면, 그 해결 방안 역시 기존의 패러다
임과는 전혀 다른 각도에서 이루어져야 한다.
　이미 언급한 바와 같이 쿤에 의하면, 패러다임 전환기에는 신·구 패
러다임 어느 쪽에서 접근하든 해결이 가능한 문제들이 상당 부분 존재한

---

32) 교육부, 『초·중등학교 교육과정 개정』, 1997. 12. 참조.

다. 그러나 그 해결 양상에 있어서 두 패러다임은 본질적인 차이를 보인다. 따라서 패러다임 전환은 기존의 패러다임과는 동일 평면상에서 비교가 불가능한 새로운 안목, 목적, 방법론의 변화를 수반한다. 따라서 이제 교육과정 분야도 효율성의 차원을 넘어서서 근본적인 것을 문제 삼을 때가 되었다. 이 글을 통해서 제기하고자 하는 문제, 즉 학습자를 객관적 지식의 단순한 수용자로 보는 전통적인 사고를 넘어서서, 새로운 의미의 해석자 내지 생성자로 자리매김시킴으로써 지식의 본질을 새롭게 규정하고자 하는 시도도 바로 이러한 문제의식과 맥을 같이한다.[33]

근대성의 이념이 교육에 드리운 두 번째 그림자는 객관적 이성을 상정함으로써 현실의 영역에서 개개인을 철저하게 소외시켜 왔다는 점이다. 즉 개별 주체와는 차원을 달리하는 하나의 객관적이고 이상적인 절대 주체를 상정함으로써 완전함과 불완전함을 가르고, 개별 주체를 완전함에로 몰아세우고자 하는 근대적 교육 패러다임이 싹트게 되었다는 것이다. 칸트의 다음과 같은 언급을 통해서 우리는 교육의 이러한 성격을 보다 선명하게 엿볼 수 있다.

> 인간은 오직 교육에 의해서 '진정한 인간'으로 거듭날 수 있다. 인간은 오직 교육을 통해서 참된 인간으로 만들어질 수 있다. 그러나 반드시 명심하여야 할 사실은 교육은 오직 교육받은 사람에 의해서만 이루어져야 한다는 것이다.[34]

칸트에 의하면 인간은 교육을 필요로 하는 유일한 존재이며, 교육은 생물학적 요구를 만족시키는 양육의 단계(nurture), 훈육의 단계

---

33) 서양의 전통적인 형이상학에 상정되어 있는 실체 개념은 주체 개념의 귀결이라는 니체의 지적에 시사된 바와 같이 지식의 본질에 관한 논의와 개별 인식 주체의 성격에 관한 논의는 동전의 양면과 같은 것이라고 할 수 있다.
34) I. Kant, A. Churton(trans.), *Education*(The University of Michigan Press, 1960), p.6.

54

(discipline), 가르침의 단계(teaching)를 거치게 된다.[35] 물론 이러한 단계는 완전한 인간성의 실현이라는 교육의 이상으로 이어진다. 따라서 교육은 어린이의 현재 상태가 아니라, 미래에 인간이 도달할 수 있는 가장 이상적인 상태에 초점을 맞추어 이루어져야 한다. 다시 말해서 교육은 인간이 실현할 수 있는 가장 이상적인 상태를 목표 삼아 이루어져야 한다.[36] 사실 이상과 같은 생각을 기반으로 전개되는 칸트의 '교육론'은 전체적으로 다소 산만한 것으로 치부되고 있기는 하지만[37] 절대 주체를 앞세우는 근대 교육적 패러다임의 중요한 기반으로 작용하고 있음은 부인할 수 없는 사실이다.

만약 근대적 이념이 상정하는 것처럼 개별적 인간을 넘어서는 보편적인 인간이 현실적으로 존재하고, 지식이 그러한 인간의 사유망을 통과한 결과물이라고 한다면, 교육의 본질을 '보편적인 인간'을 빚어내는 활동이라고 규정하여도 무리는 없을 것이다. 그러나 이미 지적한 바와 같이 주체는 다양한 계기에 의하여 끊임없이 채워질 수 있는 존재일 뿐, 현실 위에 서서 스스로 세계를 재단해 내는 고정불변의 실체일 수는 없다. 오히려 현실 안에 자리한 인간은 각자의 프리즘을 통하여 다양한 스펙트럼을 발산하는 존재일 뿐이다. 따라서 절대 주체에 기대어 지식의 절대성·객관성을 담보 받고자 하는 전통적 인식론의 흐름뿐만 아니라, 지식의 정당성을 사회라는 공적 기준, 즉 사회적 합의에서 구함으로써 전통적 인식론의 난점을 극복하려는 일련의 논의들[38] 역

---

35) 위의 책, p.1.
36) 위의 책, p.14.
37) W. Boyd, *The History of Western Education*, 이홍우, 박재문, 류한구 옮김, 『서양교육사』(서울: 교육과학사, 1994), 475쪽.
38) 황규호, "다문화사회에서의 자유교육의 성격", 『교육이론』, 제7-8권 제1호(서울: 서울대학교사범대학교육학과, 1994), 177-207쪽; 소경희, "현대 교육과정이론에 나타난 지식관의 문제", (서울: 이화여자대학교대학원 박

시 교육을 '모종의 완결된 지식'의 전수 과정으로 본다는 점에서 태생적인 한계를 지니고 있다고 할 수 있다.

교육에서 주체의 다양성이 존중된다는 것은 세계를 대면하는 방식이 질적으로 달라진다는 것을 의미한다. 근대적 교육 패러다임에 의하면, 교육은 객관적 지식망을 통해 세계를 보게 하는 활동에 다름이 아니다. 그러나 탈근대적 패러다임에서는 현실적으로 하나의 완결된 지식을 창출해 내려는 노력을 유보한다. 따라서 교육이란 개별 주체가 지닌 각각의 프리즘에서 나오는 다양한 스펙트럼을 조화시키는 작업이라고 할 수 있다. 즉 교육은 개별 주체가 텍스트로서의 세계를 이해하는 과정이며, 이때의 세계는 절대 주체에 의해 파악되기를 기다리는 닫힌 세계가 아니라, 드러냄의 계기를 지닌 열린 세계이다. 결국 탈근대적 교육과정 논의는 지식의 의미를 고정시켜 놓고, 하나의 강요된 해석에로 개별 주체를 몰아세우려는 의도를 넘어서서, 다양한 해석과 그 해석들 간의 합침과 헤어짐의 변주를 이끌어 내고자 하는 노력으로 평가되어야 한다.

이상의 문제의식을 바탕으로 이제 본격적으로 주희의 격물치지론에 접근할 때가 되었다. 이미 언급한 바 있듯이 우리가 주희의 격물치지론에 주목하는 중요한 이유는, 바로 그곳에 개별 주체로서의 나와 텍스트로서의 세계가 만나는 또 하나의 드라마가 존재한다고 생각하기 때문이다. 그러나 이 글의 문제의식이 형성되기 시작한 초기 단계부터 줄곧 발목을 잡고 있었던 것은 해석의 과정에서 많은 난점이 있을 수밖에 없다는 사실이다. 물론 이 점은 향후 지속적인 노력을 통해 극복되어야 할 학문적 과제이기도 하다. 그럼에도 불구하고 힘을 얻는 한

사학위논문, 1995) ; 유재봉, "교육철학의 새로운 패러다임 : '사회적 실제에의 입문으로서의 교육'", 『대전환기의 교육 패러다임(Ⅰ)』(서울 : 한국교육학회, 2000), 15 – 35쪽.

가지 이유는, 주희가 살았던 시대가 지금까지 그에 대한 해석을 옥죄는 감옥으로 작용하였다면, 근대성에서 탈근대성으로 넘어가는 패러다임 전환기인 오늘날, 그것은 오히려 주희의 치열한 문제의식을 드러내는 중요한 토양이 될 수도 있다는 믿음 때문이다. 새로운 해석에 의해 '시대의 감옥'에서 끌어내지 않는다면 주희는 박제된 채 역사의 전시관에 남아 있게 될 것이다. 공자와 맹자의 원시 유교가 한대의 유학, 송·명의 유학, 청대의 실학으로 이어지는 것도 현재적 관점에서 끊임없이 전통을 새롭게 해석하고자 하는 해석학적 노력이 있었기 때문에 가능한 것이었다.[39] 따라서 공자와 맹자에서 발원한 전통 유학의 물길이 자칫 말라버릴지도 모른다는 시대적 사명감 속에서 신유학의 새로운 물꼬를 튼 주희의 노력 자체가 바로 하나의 해석학적 노력에 해당한다고 볼 수 있다. 주희는 「격물보전」을 축으로 『대학장구』를 새롭게 序定한 후, 1189년 최종적으로 붙인 서문을 통하여 자신의 해석학적 작업의 당위성을 다소 두려운 마음을 섞어 다음과 같이 밝히고 있다.

> 二程께서 손보시어 새롭게 드러내신 『대학』을 살펴봄에 여전히 다소 미흡한 점이 있다. 그러므로 나의 부족함을 뒤로 한 채 이리저리 자료를 끌어 모음과 동시에 심사숙고하여 내 생각을 덧붙여 그 빠진 부분을 보충하니, 이제 후세의 군자를 기다릴 뿐이다. 나의 작업이 분수를 망각하고 주제넘은 짓이어서 죄를 피할 수 없다는 것을 내 스스로 뼈저리게 느끼고 있으나, 뭇사람들을 새롭게 교화시켜 바른 풍속을 이루고, 배우는 자가 자기를 닦아 남에게 미치는 데에 있어서는 반드시 조금이라도 보탬이 됨이 있을 것이다.[40]

---

39) 김승혜, 『유교의 뿌리를 찾아서』(서울: 지식의 풍경, 2001), 54-55쪽.
40) 『大學章句』「大學章句序」, 顧其爲書, 猶頗放失. 是以忘其固陋, 采而輯之, 間亦竊附己意, 補其闕略, 以俟後之君子. 極之僭踰無所逃罪, 然於國家化民成俗之意, 學者修己治人之方, 則未必無小補云.

Ⅲ. 격물치지론 형성의 배경

주희의 격물치지 사상은 그의 모든 理學 체계의 출발점인 工夫論과 직접적으로 관계되며, 그것은 또 주희의 전체 철학의 귀착점이다.[1] 그러기에 그의 전 사상 체계 중 후인들로부터 가장 많은 주목을 받았고, 가장 큰 논쟁의 대상이 되었다.[2]

1) 陳來 『朱熹哲學硏究』(北京: 中國社會科學出版社, 1988), 207쪽
2) 錢穆 『朱子新學案』 第二册(台北: 三民書局, 1971), 504쪽.

58

격물치지론은 주희의 사상 전체를 꿰뚫고 있는 중심축에 해당한다고 할 수 있다. 격물치지론의 핵심적인 아이디어는 『대학』의 「격물보전」에 나타나 있는데, 이는 주희 사상의 양대 축이라고 할 수 있는 '마음'에 관한 이론과 '세계'에 관한 이론이 하나로 융해되어 있는 장이라고 할 수 있다. 결국 격물치지론은 주희가 『대학』을 읽어 내는 하나의 눈임과 동시에 그의 공부론의 핵심이라고 할 수 있다. 이 점은 다음과 같은 그의 언급을 통해서도 부분적으로 확인할 수 있다.

> 나는 『대학』에 아주 많은 공을 들였다. 溫公이 『통감』을 짓고 "신의 평생의 정력이 모두 이 책에 있습니다."라고 했듯이, 『대학』에 있어서 나도 또한 그러하다. 오히려 『논어』, 『맹자』, 『중용』에 대해서는 그렇게까지 하지는 않았다.[1]

격물치지론이 주희 사상의 핵심으로 여겨지는 만큼 그 본질에 대한 논의 또한 다양하게 전개되고 있는 실정이다. 그러나 이에 대한 올바른 이해를 위해서는 먼저 격물치지론의 핵심적인 아이디어가 본격적으로 그 모습을 드러내는 『대학장구』 序定[2] 무렵의 주희의 학문 체계를 검토할 필요가 있다. 주희가 1174년 '강덕공에게 보낸 두 번째 편지'[3]에 나타난 다음 구절은 이때 이미 격물치지를 축으로 한 『대학』 이해

---

1) 『朱子語類 一』권14 大學一 綱領. 某於大學用工甚多. 溫公作通鑑, 言臣平生精力, 盡在此書. 某於大學亦然. 論孟中庸, 却不費力.
2) 1174년 주희는 격물보전을 집어넣는 등, 자신의 사상체계에 맞게 『대학』의 편차를 전면적으로 손질하여 내놓음으로써 새로운 경학 체계를 향한 기반을 마련한다. 그는 「記大學後」(『朱熹集』권81, 4174쪽)에서 자신이 이때 새로 묶어낸 『대학』本이 程子의 설에 기반하고 있음을 밝히고 있으나, 사실은 이전까지의 학문적 성과의 결실임을 은근히 말하고 있다.
3) 陳來는 이 편지는 주희가 45세 때인 순희 원년(1174) 무렵에 작성한 것으로 보고 있다. 陳來, 『朱子書信編年考證』(上海: 上海人民出版社, 1987), 124쪽.

의 큰 틀이 확립되었음을 보여준다.

　　나는 대개 15-6세 때부터 『대학』을 읽었지만 격물의 뜻을 분명히
알지 못하여 마음속에 두고서 이리저리 생각한 것이 약 30년이 되었
습니다. 요즈음에야 실제 공부하는 곳에 나아가 그 참된 의미를 구하
는 한편, 다른 경전과 주석, 기록 등을 참고하여 內外本末의 관점에서
반복하고 징험한 끝에 程子의 말씀이 타당하다는 것을 알았습니다.
생각건대 하루아침에 갑자기 설을 세워 그 참맛을 알기는 쉽지 않을
것입니다.4)

　　주희는 자신의 격물치지론이 二程5)의 생각에 바탕을 둔 것이기는
하지만 그것을 맹목적으로 따른 것이 아니라 자신의 학문적 성과를 총
결하고 있음을 강조하고 있다. 이것은 그의 격물치지론이 「격물보전」
의 행간을 떠나 그의 전체적인 사유 체계와의 유기적인 관계하에 해석

---

4) 『朱熹集』卷44, 2114-2115쪽, 「答江德功2」 蓋自十五六時知讀是書, 而不曉
　 格物之義, 往來於心, 餘三十年. 近歲就實用功處求之, 而參以他經傳記, 內外
　 本末反復證驗, 乃知此說之的當, 恐未易以一朝卒然立說破也.
5) 程顥와 程頤 형제를 아울러 부르는 명칭.
　 * 程顥(1032-1085). 북송의 학자, 자는 伯淳. 河南 洛陽人, 明道 선생으로
　 불린다. 스스로 자신의 학문적 특징을 "나의 학문은 비록 前賢들의 것을
　 기반으로 하기는 하지만, 天理 두 글자만큼은 스스로 터득한 것이다"라는
　 말로 개괄하고 있다. 공부 방법에 있어서는 주체적인 깨달음의 영역(靜)
　 을 강조한다는 점에서 일상 속에서 점진적으로 공부(動)할 것을 강조하는
　 동생 程頤와 다소 차별성을 보인다. 그러나 그들의 사상은 명확한 구별점
　 이 없기 때문에 일반적으로 二程 혹은 程子로 병칭되며, 洛陽에 거점을
　 둔 관계로 그들의 학문을 洛學이라고 부른다.
　 ** 程頤(1033-1107). 北宋의 학자, 程顥의 동생이다. 자는 正叔, 伊川 선
　 생으로 불린다. 형인 程顥가 미처 학문적 결실을 맺지 못하고 세상을 뜬
　 반면 그는 형이 세상을 뜬 후 근 20년간 생존하면서 洛學의 사상 체계를
　 완비하였다. 주희의 학문에 가장 많은 영향을 끼쳤다. 中國孔子基金會 編,
　 『中國儒學百科全書』(北京: 中國大百科全書出版社, 1997), 624-631쪽 참조.

되어야 함을 시사한다. 이 시기 주희는 이미 중화신설 및 태극 개념을 뼈대로 마음에 관한 이론(心性論)과 세계에 관한 이론(理氣論)의 토대를 구축하고 있었다. 따라서 「격물보전」을 축으로 하는 주희의 『대학』 이해는 결국 理學 방법론과 수양론적 필요에 의해 이루어진 것이라고 할 수 있다.6) 이제 이하에서는 먼저 주희의 사상적 여정을 따라가면서 심성론과 이기론의 성격을 살펴보고자 한다.

1. 주희의 '마음'에 관한 이론

가. 마음 이론의 출발점 : 李侗7)의 가르침

주희가 청년기에 선불교의 공부법에 매료되었다는 것은 잘 알려진 사실이다. 그가 본격적으로 선불교에 관심을 가지게 된 계기는 아버지 朱松8)이 사망(1143년)한 후 사사하게 된 武夷의 세 선생9)에서 찾을

---

6) 陳來, 『朱熹哲學硏究』(北京: 中國社會科學出版社, 1988), 207쪽.

7) 李侗(1093-1163) 남송의 학자. 남검주 검포(현 복건성 남평) 출신. 字 愿中. 연평 선생이라고 불림. 주희의 부친인 朱松과 함께 楊時의 제자 羅從彦에게 사사. 평생 벼슬을 하지 않고 학문 연구에 몰두. 주희는 그의 학문이 홀로 심오한 경지에 이르러 경학이 純明하고, 함양이 精粹하였다고 평하고 있다. 이동에게 사사함으로써 주희는 당대의 儒宗으로서의 발걸음을 시작한다. 中國孔子基金會 編, 『中國儒學百科全書』(北京: 中國大百科全書出版社, 1997), 645쪽; 『朱熹集』권97, 4984-4989쪽, 「延平先生李公行狀」.

8) 朱松 (1097~1143) 字 喬年, 선천적으로 성질이 급해 스스로 韋齋라고 호를 붙였다. 程顥의 학통을 이은 楊時의 제자 羅從彦에게서 『대학』과 『중용』을 배웠다. 陳榮捷, 『朱熹』(臺北: 東大圖書公司, 1990), 15-16쪽.

9) 胡憲, 劉勉之, 劉子翬. 아버지 주송의 친구들로, 모두 崇安縣 五夫里이에 거주하고 있었다. 주송은 죽기 전에 이들에게 자신의 가족들을 부탁하였다.

수 있다. 그러나 보다 직접적으로는 宗杲-張九成[10]으로 이어지는 당대의 선불교적 학문 풍토의 영향도 무시할 수 없었을 것이다. 주희는 15-16세 무렵 宗杲의 제자인 道謙을 만난 것을[11] 시작으로 그를 통하여 일상 속에서 화두를 볼 것을 주장하는 主悟 중심의 新派禪宗을 접하게 된다. 이때 그의 삶에 드리워진 선불교의 그림자는 평생의 스승 李侗을 만나서 본격적인 儒者의 길을 걷기 시작하기까지 계속된다. 다음 글에는 그가 선불교에 출입하게 된 계기와 儒者로의 전환의 변이 비교적 잘 나타나 있다.

> 저는 타고난 자질이 어리석고 둔하여 어려서부터 암기하고 묻고 말하는 것이 남에게 미치지 못했습니다. 그래도 돌아가신 아버지의 가르침으로 爲己之學에 뜻을 둘 줄을 알았는데, 요체를 얻지 못하여 불교와 노장에 10여 년을 드나들었습니다. 그러나 근래에 도가 있는 분을 직접 뵙고서야 비로소 제가 지향해야 할 큰 길을 알았지만, 재주와 자질이 불민한 관계로 앎이 아직 章句를 더듬는 수준에서 벗어나지 못했습니다.[12]

따라서 주희는 청소년기의 대부분을 이들의 훈육을 받으며 성장하였다. 특히 주희는 당대의 선사 大慧宗杲와 교유하던 유자휘로 인하여 선학에 접할 수 있는 기회가 많았다. 미우라 쿠니오, 김영식·이승연 옮김, 『인간주자』(서울: 창작과비평사, 1996), 22-28쪽.

10) 宗杲(1088-1163)는 임제종의 禪僧이다. 張九成(1092-1159)은 楊時의 제자이며, 宗杲의 俗家 제자이기도 하였다. 佛老의 설을 빌어서 유가의 경전을 해석하였다. 이후 禪學을 극복하려는 주희의 주요 비판 대상이 되었다. 주희 당대에는 儒佛의 차이점보다는 공통점에서 유학의 존립 근거를 찾으려는 경향이 지배적이었다.

11) 陳榮捷, 앞의 책, 263쪽.

12) 『朱熹集』권38, 1727쪽, 「答江元適1」熹天資魯鈍, 自幼記問言語不能及人. 以先君子之餘誨, 頗知有意於爲己之學, 而未得其處, 蓋出入於釋老者十餘年. 近歲以來, 獲親有道, 始知所向之大方. 竟以才質不敏, 知識未離乎章句之間.

자신의 술회대로 주희는 程子－楊時－羅從彦으로 이어지는 유학의 흐름을 이어받은 아버지 주송의 가르침에 바탕을 두고 일찍부터 내면의 성숙을 목표로 하는 爲己之學에 뜻을 두었던 것으로 보인다. 그러나 비교적 어린 나이인 14세에 아버지를 여의고, 이어서 몸과 마음을 의탁한 유자휘마저도 18세 되던 해(1147년)에 세상을 떠남으로써, 구도의 길에서 결국 선불교로 기울어지게 된다. 주희가 스승 이동에게 본격적으로 배우기 시작한 것이 1158년(29세) 무렵이므로 그의 말대로 약 10여 년을 선불교의 그늘에 머물러 있었던 셈이다.

과연 무엇이 주희로 하여금 유학으로 다시 돌아오게 했을까? 束景南은 주희가 유학으로 돌아오게 된 것은 학문적 깨달음이라는 내적 변화 외에 同安이라는 조그만 縣의 회계 담당자로 일하면서 부딪힌 불합리한 사회 현실 및 불교와 노장 사상이 이러한 현실의 대안이 될 수 없음을 자각한 때문이라고 분석한다.[13] 결국 불교에서 유교로의 전환은 어느 날 갑자기 일어난 하나의 사건이 아니라 자신의 삶을 통한 체험의 결과인 것이다. 어느 면에서 보면, 이 시기에 접한 불합리한 현실은 평생 儒者로 살면서 합리적인 미래를 찾으려고 노력한 주희의 자양분이 되었는지도 모른다. 시대적 정황으로 미루어 볼 때, 주희 사상의 핵심이라고 할 수 있는 이기심성론은 낙관적 전망보다는 그가 당대에 접한 비관적 현실 위에 서 있는 것으로 보인다. 주희는 1179년과 1181년 각각 知南康軍과 浙東提擧로 벼슬길에 나아간다. 이때 그는 한해와 수해, 그리고 관리들의 탐학으로 도탄에 빠진 백성들의 삶을 목격하고 피눈물을 흘린다. 주희는 평생의 학문적 동지였던 呂祖謙에게 南康의 현실을 통탄하면서 다음과 같은 편지를 보낸다.

---

13) 束景南, 『朱子大傳』(福建敎育出版社, 1992), 151쪽.

평생 독서해서 무슨 유익한 일을 하려고 했던가? 지금 이 지경에
이르러 불합리한 관행을 고치지도 못하고, 백성들의 고통을 덜어줄
수도 없네 그려. 밤잠을 설치면서 생각해 보아도 아무런 뾰족한 수가
없다네.14)

주희가 그토록 강조한 마음의 원천으로서의 '未發'과 세계의 본질로
서의 '仁'에 관한 관념은 인욕이 난무하는 불합리한 현실에 대한 이상
과 같은 문제의식이 없이는 불가능한 것이다. 그리고 바로 이러한 문
제의식이 일상 속에서 공부할 것을 강조하는 이동에게로 향하는 원동
력이 되었을 것이다.

주희가 이동에게 정식으로 사사한 것은15) 1158년 무렵이다. 선불교
에 빠져 있던 자신이 스승 이동을 만남으로써 유가로 돌아오기까지의
과정을 그는 다음과 같이 회고하고 있다.

나는 15-6세 무렵부터 禪說을 마음에 두고 있었다. 어느 날 屏山
선생(유자휘)으로 인하여 한 승려를 만나 이야기를 나누었는데 ……
나중에 선생을 통해서, 내가 禪說의 요체를 이해하고 있다는 그의 말
을 전해 들었다. 이후 나는 그에게 매료되어 과거 시험을 볼 때에도
禪說을 원용한 글로 급제하였다. 그 후 24-5세에 同安으로 벼슬살이
를 갈 때, 처음으로 이 선생을 뵙게 되었다. 나는 애써서 선생께 禪說
을 말했지만 고개를 저으실 뿐이었다. 나는 선생이 이에 대해서 이해
가 부족하다고 생각하여 계속 캐물었지만 그저 별말씀이 없이 성현의
말씀을 보라고만 하셨다. 그래서 마음속에 여전히 禪說을 간직한 채,

---

14) 『朱熹集』권34, 1482-1483쪽, 「答呂伯恭20」 平生讀書, 要作如何利益底事?
   今到此, 此等事變做不得. 中夜以思, 實不遑安處.
15) 주희가 이동을 처음 만난 것은 1153년 同安縣의 主簿로 부임하는 길에
   이동이 있는 연평에 들르면서이다. 두 번째는 동안에서 임기 후 숭안으
   로 돌아온 1158년 정월로, 이때부터 주희는 이동의 생각을 본격적으로
   접하게 된다. 陳榮捷, 앞의 책, 30-31쪽 참조.

일단 성인의 책을 보기로 했다. 그런데 성인의 책을 읽으면 읽을수록 그 맛을 깊이 느낄 수 있었다. 어느 사이 禪說을 돌아보매 점점 잘못된 점과 빈틈이 수없이 보이기 시작했다.[16]

이처럼 주희는 선불교에서 유교로 돌아오는 길목에서 스승 이동을 만남으로써 내적 변화의 기틀을 마련하는 한편, 관료가 되어 현실에 발을 디딤으로써 선불교의 한계를 넘어서서 새롭게 공부론의 기틀을 마련하게 된다. 그렇다면 본격적으로 儒者의 길에 들어선 주희에게 이동이 일차적으로 강조했던 것은 무엇인가? 束景南은 이를 다음의 세 가지로 요약한다.[17]

1) 도는 또한 깊고 은밀한 곳에 박혀 있는 것이 아니니, 다만 일상 속에서 실제로 공부하는 곳에서 이해해야 하며, 그대처럼 오직 마음속으로만 터득하려고 하는 선불교식 깨달음을 추구해서는 안 된다.

2) 성현들의 책을 보아야지, 불교와 노장에 관한 책이나 유·불·노 三道 동일 사상을 말하는 책을 보아서는 안 된다.

3) 義와 利, 公과 私로 유교와 불교의 차이를 판별해야 한다. 또한 공부를 함에 佛老와 같음을 좋아하고, 다름을 싫어하는 태도를 가져서는 안 된다. 유교와 불교를 가르는 것은 理一分殊 사상이다.

---

16) 『朱子語類七』권104 自論爲學工夫. 某年十五六時, 亦嘗留心於此. 一日在病翁所會一僧, 與之語. …… 某也理會得箇昭昭靈靈底禪, 劉後說與某. 某遂疑此僧更有要妙處在, 遂去扣問他, 見他說得也殺好. 及去赴試時, 便用他意思去胡說 …… 試官爲某說動了, 遂得擧. 後赴同安任, 時年二十四五矣, 始見李先生. 與他說, 李先生只說不是. 某却倒疑李先生理會此未得, 再三質問. 李先生爲人簡重, 却是不甚會說, 只教看聖賢言語. 某遂將那禪來權倚閣起. 意中道, 禪亦自在, 且將聖人書來讀. 讀來讀去, 一日復一日, 覺得聖賢言語漸漸有味. 却回頭看釋氏之說, 漸漸破綻, 罅漏百出.

17) 束景南, 앞의 책, 117쪽.

주희는 예순이 넘은 이 老儒 앞에서 자신만만하게 선불교의 학설을 펼쳐 보였을 것이다. 그러나 당대의 현실을 예리하게 꿰뚫고 있었던 이 노학자는 그저 담담하게 "우선 성현의 말씀을 읽어 보시게나"라는 말로 선불교에 심취한 주희를 깨우쳐 주고 있다. 사실 이동은 직접 벼슬길에 나아간 적은 없었지만 누구보다도 남송 당대의 현실에 대해서 체계적인 문제의식을 가지고 있었다. 따라서 묵묵히 앉아서 마음을 추슬러(默坐澄心), 그 처음의 본래적(寂然不動) 마음을 구함으로써 天理의 존재를 체인할 것과, 다시 일상의 현실 속(分殊上)에 나아가 그것을 하나하나 궁구할 것을 주장하는 이동 사상의 두 줄기는 바로 이러한 문제의식을 기반으로 하고 있는 것으로 보아야 한다. 주희는 이동으로부터 도란 현실을 떠나 오묘하고 깊은 곳에 있는 것이 아니라 우리의 삶이 뿌리박고 있는 일상 속에 있으며, 유교는 바로 이러한 도를 체인하는 것이라는 처음 가르침을 들은 이래, 4-5년의 긴 여정을 거쳐 이동에게 다시 돌아온다.

이미 말한 바와 같이, 주희에 대한 이동의 가르침의 큰 흐름은 두 줄기로 나누어 말할 수 있다.[18] 우선 이기적인 욕망이 어지럽게 얽혀 있는 일상의 현실에 휘둘리지 않고 처음의 마음을 추슬러,[19] 그 속에 면면히 흐르는 도의 실체를 대면할 것을 요구한다(默坐澄心 體認天理). 학문의 길은 바로 그 처음의 흔들리지 않는(寂然不動) 마음을 구함으로써 끊임없이 틈을 파고드는 삿된 욕망을 잠재우고, 天理의 본체를 보고자 하는 노력에 다름이 아니다. 주희는 이에 대한 이동의 가르침을 다음과 같이 요약한다.

---

18) 『朱熹集』권97, 4986쪽, 「延平先生李公行狀」 學問之道不在多言, 但嘿坐澄心體認, 天理若見, 雖一毫私欲之發, 亦退聽矣.
19) 『朱子語類七』권103, 羅氏門人(李愿中). 常存此心, 勿爲事物所勝.

대저 이 선생의 가르침의 요지는 고요함 속에서 큰 근본을 체인하여 아직 發하지 않았을 때의 기상을 분명히 하라는 것이니, 그러하면 일을 처리하고 만물에 대응하는 것이 저절로 절도에 맞는다는 것입니다. 선생의 이러한 가르침은 곧 龜山 문하의 指訣[20]입니다.[21]

두 번째로 이동이 강조하는 것은 일상사에 나아가 그 속에 존재하는 낱낱의 이치를 깨달아 자신의 삶 속에서 증험해 내는 것이다. 즉 밝게 추슬러진 마음으로 일상 속에 존재하는 天理를 체인하고, 이에 바탕을 두고 物·事의 바름을 얻고자 하는 것이다(隨事以觀理 卽理以應事). 이동은 일에 처하여 조금의 어그러짐도 없이 마음이 확연히 밝아져서 아무런 사심이 없는 이상적인 성인의 경지(應事灑落)를 상정하고, 당대의 학자들의 병폐는 일을 당함에 얼음이 녹고 언 것이 풀리듯이 자연스럽게 物·事에 대처하지 못하는 데에 있다고 진단한다.[22] 그리고 주희로 하여금 당대의 사회 문제에 적극적으로 개입함으로써 儒者로서의 면모를 드러내도록 독려한다.

이동의 가르침에 대한 주희의 화답 역시 두 방면에 걸쳐서 이루어진다. 첫째는 일상 속에서 배움을 실천하라는 이동의 가르침을 기반으로 당대에 대한 신랄한 비판을 담고 있는 일련의 封事와 奏事를 통해서 드러난다. 주희는 1162년 새로 즉위한 효종의 명에 응하여 자신의 첫 번째 봉사(壬午應詔封事)를 올린다. 우선 현재의 나라 형편이 하나도 제대로 된 것이 없으니, 화급한 것은 강학을 통해 이치를 밝히고, 현자

---

20) 이것은 喜怒哀樂이 아직 발하지 않았을 때 寂然不動한 心의 본체로서의 中을 구할 수 있다는 主靜 중심의 공부법으로서, 道南學의 핵심 명제이다. 程顥를 시발로 楊時 −羅從彦을 거쳐 李侗으로 이어진다.

21) 『朱熹集』권40, 1841−1842쪽, 「答何叔京2」. 李先生敎人, 大抵令於靜中體認大本未發氣象分明, 卽處事應物, 自然中節. 此乃龜山門下指訣.

22) 『朱熹集』권97, 4986쪽, 「延平先生李公行狀」 學者之病在於未有灑然冰解凍釋處

를 등용하여 정사를 바르게 하며, 힘을 기를 방책을 세우는 것이라고
역설한다.23) 그러나 우리는 의욕에 넘치는 이 젊은 儒者의 상소가 이
리저리 날리는 한 장의 휴지 조각에 불과했음을 어렵지 않게 짐작할
수 있다. 1163년 황제의 면전에서 이루어진 「癸未垂拱奏箚」24)의 결과
를 설명하는 다음의 편지는 이 점을 확실하게 보여주고 있다.

저는 지난 11월 6일에 황제를 뵙고 먼저 치지격물의 도를 논한 첫
번째 글을 읽었습니다. 이 순간에는 황제의 얼굴이 그지없이 온화하
고 맑았으며, 오가는 말은 마치 메아리처럼 은은하게 들렸습니다. 오
랑캐에 대한 복수의 이치를 논한 두 번째 글과 언로가 막히고 아첨을
일삼는 간신배가 기승을 부리는 현실을 비판하는 세 번째 글을 읽자,
황제의 노여움은 극에 달하여 서로 말이 뚝 끊어졌습니다. ……
금나라와의 화의가 이미 결말이 나서 邪說이 마구 횡행하고 있으
니, 어찌 한 조각 갈댓잎으로 거친 물살을 가르고 나아갈 수 있겠습
니까? 지난번에 周葵를 만났을 때 면전에서 질책했더니, "그런 말은
모두 처사들의 큰 소리일 뿐이다. 지금은 우선 목전의 계책을 강구해
야 한다."라고 하였습니다. 그래서 제가 말하기를, "나라의 영구한 계
책을 세워야 하는 마당에 參政은 겨우 목전의 계획만 생각하고 있단
말입니까?" 하였습니다. 모두 생각들이 이 모양입니다.25)

---

23) 『朱熹集』권11, 447쪽, 「壬午應詔封事」 蓋天下之事至於今日, 無一不弊而不
　　可以勝陳. 以獻言者之衆, 則或已能略盡之矣. 然求其所謂要道先務而不可緩
　　者, 此三事是也. 夫講學所以明理而導之於前, 定計所以養氣而督之於後, 任
　　賢所以修政而經緯乎其中, 天下之事無出乎此者矣.
24) 『朱熹集』권13, 505－512쪽 「癸未垂拱奏箚 一, 二, 三」.
25) 『朱熹集』권24, 1019－1020쪽, 「與魏元履書1」 熹六日登對, 初讀第一奏, 論
　　致知格物之道, 天顏溫粹, 酬酢如響. 次讀第二奏, 論復讎之義. 第三奏論言
　　路壅塞, 佞幸鴟張, 則不復聞聖語矣. …… 和議已決, 邪說橫流, 非一葦可杭
　　前日見周葵, 面質責之, "乃云此皆處士大言, 今姑爲目前之計耳", 熹語之曰,
　　"國家億萬斯年之業, 參政乃爲目前之計耶!" 大率議論皆此類

그러나 주희는 이처럼 황제의 눈 밖에 나거나 주변의 비아냥거림에도 불구하고 당대의 문제에 대해서 끊임없이 비판적인 입장을 취한다. 사실 주희가 벼슬을 내놓거나 나아갈 때 황제에게 올리는 일련의 글들은[26] 겉으로는 천재지변에 대한 구제책을 논하거나, 조정 관료들의 부패와 무능을 규탄하지만, 늘 그의 혀끝은 황제 개인을 겨냥한다. 즉 군주가 인욕에 휘둘리어 마음이 사사로운 욕망을 이기지 못하여 만사를 그르치고 있으니, 마음을 바로 하여 그 처음을 회복하라고 질타하는 것이다. 그리하여 황제에게는 껄끄러운 신하로, 관료들로부터는 세상 물정을 모르는 순진한 처사로 취급당하며, 말년에는 僞學의 우두머리라는 누명을 쓰고 학파의 운명 자체가 흔들리는 지경에 이르게 된다. 그러나 그는 결코 '성인 됨'을 향한 爲己之學의 이상을 포기하지 않는다. 어찌 보면, 현실 정치에서의 거듭된 좌절이 주희로 하여금 內聖을 향한 열망으로 몰아갔는지 모른다. 앞에서 이미 지적한 바와 같이 이기심성론의 구도는 바로 이러한 비관적인 현실 인식 위에 서 있는 것으로 보인다.

이동의 가르침에 대한 두 번째 화답은 바로 주희 자신이 직면했던 이상과 같은 문제의식을 기반으로 한다. 즉 온갖 부조리가 판치는 현실은 제도적 악(法弊)의 산물이 아니라 인간의 삿된 욕망이 빚어낸 재앙(人弊)이며,[27] 따라서 인간의 마음을 바로 세우는 것만이 그 유일한 해결책이라는 것이다. 결국 주희의 공부론적 관심은 자신이 처한

---

26) 주희는 壬午應詔封事(『朱熹集』권11, 1162년)를 시작으로 癸未垂拱奏箚(『朱熹集』권13, 1163년), 庚子應詔封事(『朱熹集』권11, 1180년), 辛丑延和奏箚 (『朱熹集』권13, 1181년), 戊申延和殿奏箚(『朱熹集』권14, 1188년 6월), 戊申封事(『朱熹集』권11, 1188년 11월) 등을 통하여 줄기차게 자신의 道學 사상을 황제에게 강력히 피력한다.

27) 『朱子語類 七』권108, 論治道, 2688쪽. 今世有二弊, 法弊, 時弊. 法弊但一切更改之, 却甚易. 時弊則皆在人, 人皆以私心爲之, 如何變得?

당대의 현실에 대한 철저한 비판 의식에서 싹텄다고 할 수 있다. 이동의 가르침은 이를 고무시키는 직접적인 계기가 되었던 것이다. 그는 이동의 가르침을 기반으로 당대의 선불교적 풍토(主悟的 心學)를 극복하고, 어떻게 하면 유학의 본령에 맞는 공부법을 확립할 것인가 하는 문제에 골몰한다. 주희는 당대 지식인 사회의 주류였던 선불교적 흐름에 대한 공격28)을 시작으로, 이후 끊임없이 대두되는 이단에 대한 비판을 통해서 자신의 공부론을 점차 정교하게 다듬어감으로써 유학의 성채를 견고히 하게 된다. 우선 이동 사사의 마지막 지점인 1163년, 황제의 면전에서 이루어진 奏事를 통해서 주희의 공부론적 관심의 일단을 살펴보자.

신이 알기로 『대학』의 가르침의 핵심은 수신에 있습니다. 천자든 보통 사람이든 이것은 매한가지이며, 세상사가 모두 이에서 말미암지 않은 것이 없습니다. 하지만 몸은 닦여져야만 하는 것이니, 그 근본은 오직 격물치지에 있을 뿐입니다.

대저 격물이란 궁리를 말합니다. 物이 있으면 반드시 理도 있는 법입니다. 그러나 理는 형상이 없어 알기 어려우니 자취를 가진 物을 통해야 쉬이 볼 수 있습니다. 그러므로 物에서 구하여 마음으로 理를

---

28) 당대의 학문적 풍토에 대한 주희의 위기의식은 역으로 유학의 정체성 확립을 위한 그의 노력을 배가시키는 촉매제 역할을 하였다. 주희는 1164년 이백간에게 보내는 편지에서 好佛的 경향의 유자들에 대해서 다음과 같이 비판을 하고 있다. "논하신 바를 상세히 보았더니, 대체로 釋氏를 위주로 하고 있더군요. 우리 유가의 설에 대해서는 석씨에 가까운 것만 취하고, 석씨와 배치되는 것은, 공자와 맹자의 경우에는 제멋대로 빼고 넣어서 맥락에 관계없이 억지로 석씨와 부합하게 만들었더군요. 二程의 경우에는 아무런 거리낌 없이 그 시비를 판단하셨던데, 제가 보기에 어떤 것은 그 본래적 의미를 제대로 이해하지 못해 배척했는가 하면, 어떤 것은 그 미세한 차이를 구분하지 못하고 석씨에 부합하는 것으로 오해한 것도 있습니다." 『朱熹集』권43, 2014쪽 「答李伯諫1」.

밝게 보아 조금의 어그러짐도 없어야, 일에 응하여 한 치도 그것에
얽매이지 않게 됩니다. ……

폐하께서는 글이나 짓고 문장이나 외는 습속에 젖어 계시고, 또 불
교와 노장에 관한 책에서 理를 구하고자 하시니, 비록 밝은 성을 타
고 나셨지만 그 행위로 보면, 아직 천하의 이치를 두루 살피지 못함
이 많고, 따라서 폐하께서 처결하시는 일 역시 이치에 부합하지 않는
것이 많습니다. 부디 일상사에 나아가 이치를 살피시고, 그 드러난 이
치를 바탕으로 일을 처결하십시오.[29]

일단 주희는 일상 속에서 실질적인 이치를 볼 것을 강조하는 이동
의 논조를 빌어 황제를 설득함과 동시에, 불교와 노장에 물든 당대의
학문적 기류를 통렬히 비판한다. 그러나 이 시기 주희의 격물치지설은
아직 '마음에 관한 이론'과 내적 일관성을 이루지는 못한 것으로 보인
다. 앞에서 이미 말한 바와 같이 이동의 사상은 일상 속에서 이치를
볼 것(分殊體認理一)과 고요함 속에서 묵묵히 마음을 밝혀 그 본체를
체득함(默坐澄心, 靜中體認大本)이라고 하는, 動과 靜의 두 가지 층을
가지고 있었다. 그러나 이 두 가지는 연속적 측면보다는 불연속적 측
면이 강하고, 특히 유교의 바탕이 되는 일상의 動工夫보다는 오히려
주관적인 깨달음을 중시하는 선불교의 靜工夫로 흐를 가능성이 짙은
것으로 보인다. 따라서 이 시기에 이미 儒者로 자임하면서 선불교의

---

29) 『朱熹集』권13, 505-506쪽 「癸未垂拱奏箚 一」臣聞大學之道, 自天子以至
於庶人, 壹是皆以修身僞本, 而家之所以齊, 國之所以治, 天下之所以平, 莫
不由是出焉. 然身不可以徒修也, 深探其本, 則在乎格物以致其知而已. 夫格
物者, 窮理之謂也. 蓋有是物必有是理, 然理無形而難知, 物有迹而易睹, 故
因是物以求之, 使是理瞭然心目之間而無毫髮之差, 則應乎事者自無毫髮之
繆. …… 所以聞於陛下者不過詞章記誦之習, 而陛下求所以進乎此者, 又不
過取之老子釋氏之書, 是以雖有生知之性, 高世之行, 而未嘗隨事以觀理, 故
天下之理多所未察, 未嘗卽理以應事, 故天下之事多所未明.

공부론에 대해 맹렬한 비판의 기치를[30] 내걸기 시작한 주희의 마음속에서 이동의 두 가지 가르침은 서서히 모순의 싹을 틔우고 있었을 것이다. 주희는 1163년 이동 사후 자신의 학문적 방황과 공부의 어려움을 다음과 같이 토로하고 있다.

> 나이가 들어서야 이 선생을 만났으나 미처 학업을 마치기도 전에 돌아가시어, 태산이 무너지고 대들보가 꺾어지는 것처럼 탄식하지 않을 수 없었습니다. 허둥지둥하기가 마치 앞을 보지 못하는 소경이, 진흙길을 지팡이로 더듬으며 하루 종일 길을 찾아도 끝내 가야 할 곳을 알지 못하는 것과 같았습니다.[31]
> 제가 이 선생의 가르침을 직접 받을 때에는, 강론을 듣는 것만 탐을 내었고, 또 은근히 장구나 훈고를 좋아하는 습관이 있어서, 선생의 가르침에 마음을 다할 수 없었습니다. 지금에 와서는 남아 있는 듯하기도 하고 없는 듯하기도 하여, 확실하게 본 것이 하나도 없으니, 이 선생께서 교육해 주신 뜻을 저버린 것입니다. 매양 이것을 생각할 때마다, 부끄러워 땀이 나서 옷을 적시지 않은 적이 없었습니다.[32]

---

30) 주희는 1163년 汪應辰에게 다음과 같은 편지를 보냄으로써 이후 1170년대 초반까지 계속되는 儒釋之辨의 불씨를 지핀다. "저도 일찍이 釋氏를 스승으로 삼아 그 道를 높이 여겨 간절하고 지극하게 그것을 얻고자 하였습니다. 그러나 아무것도 얻지 못했습니다. 그 후 훌륭하신 스승들의 가르침을 입어 잠시 禪說을 제쳐두고 유학에 힘을 기울이게 되었습니다. 처음에는 하루도 禪說을 떠올리지 않은 적이 없었으니 …… 어느 날 갑자기 이를 물리친 것이 아닙니다." 『朱熹集』권30, 1265－1266쪽, 「答汪尙書 2」.

31) 『朱熹集』卷40, 1839－1840쪽, 「答何叔京1」 晚親有道, 粗得其緒餘之一二, 方幸有所向而爲之焉, 則又未及卒業而遽有山頹梁壞之歎, 倀倀然如瞽之無目, 摘埴索塗終日而莫知所適.

32) 『朱熹集』卷40, 1842쪽, 「答何叔京2」 然當時親炙之時貪聽講論, 又方竊好章句訓詁之習, 不得盡心於此, 至今若存若亡, 無一的實見處, 幸負敎育之意. 每一念此, 未嘗不愧汗沾衣也.

주희가 선불교를 버리고 유학으로 돌아올 수 있었던 것은 '일상 속에서 공부하라는 이동의 가르침'에 힘입은 바 크다. 그러나 이러한 가르침의 밑바닥에는 묵묵히 마음을 가라앉혀 아직 發하지 않았을 때의 본체를 구하라는 楊時 문하의 핵심 명제가 자리하고 있었으며, 한창 선불교 비판의 칼을 벼리고 있는 주희로서는 받아들이기 힘든 것이었다. 그가 스승의 가르침과 자신 안에 싹터오는 논리적 모순 사이에서 고민하던 그 시기에, 이동은 죽음을 맞이하게 된다. 이제 주희는 즉각적인 깨달음이라고 하는 선불교식 공부와는 전혀 다른 차원에서 '靜中未發氣象體認'이라고 하는 스승 이동의 가르침을 새롭게 해석해야 하는 운명에 처하게 된다. 위에서 인용한 편지는 이러한 긴 여행을 위한 출발점에 선, 외로운 구도자의 몸짓이라고 할 수 있다.

나. 중화구설 : 사막의 신기루

주희가 이동으로부터 벗어나 湖湘學을 대표하는 張栻[33]에게 향하지 않을 수 없었던 결정적인 이유는 자신이 극복하고자 하는 선불교의 坐禪入定으로 흐를 수밖에 없는 道南學에 대한 회의 때문이었을 것이다. 도남학의 기본적인 가정은 사람의 마음에는 시공상에 있어서 物·事에 대한 사고 작용(應事接物)이 없는 未發의 때가 존재하므로, 고요함 속에서 묵묵히 마음을 가라앉히면, 그 본래적인 상태(中)를 직접 체인할 수 있다는 것이다. 반면에 호상학은 마음의 특성에 비추어 볼 때, 物·事에 접하지 않아서 희로애락의 감정이 아직 싹트지 않은,

---

33) 張栻(1133 - 1180). 남송 시대 학자. 字는 敬夫, 欽夫. 號는 南軒. 五峰 胡宏에게 사사하여 호상학의 중심인물이 됨. 주희, 여조겸과 더불어 東南의 三賢으로 불림. 中國孔子基金會 編, 『中國儒學百科全書』(北京: 中國大百科全書出版社, 1997), 663쪽.

未發의 寂然不動한 상태는 현실적으로 존재할 수 없다고 본다. 마음에는 오직 그것이 작용하는 상태(已發)만 있을 뿐이고, 未發은 기질로서의 '마음'의 영역에서가 아니라 본체로서의 性에 대해서만 말할 수 있다고 본다. 그러므로 도남학과 달리 호상학은 未發을 공부의 영역에 포함시키지 않으며, 공부는 오직 마음이 작용하는 현실의 장에서 그 선악 여부를 판단하고(察識端倪), 몸과 마음을 올곧게 하여(敬) 그 바른 싹을 보존하고 키워 나가면 되는 것이다(持敬涵養善端). 호상학의 이러한 구도는, 未發 時에 마음의 본래적인 상태를 체인하라는 이동의 가르침(求中說)과 儒者로서의 정체성 사이에서 고민하고 있었던 주희에게는 긴 가뭄 끝의 단비와도 같은 것이었다.

주희는 1164년 9월 장식의 부친인 張浚의 죽음을 계기로 그와 본격적인 교류를 시작한다.[34] 이때 주희는 장준의 시신을 운구하는 배 안에서 3일간 장식과 담론하고, 그의 학문적 식견과 자질에 대해 최대한의 찬사를 보낸다.[35] 이후 주희는 편지를 통하여 장식과 활발하게 의견을 교환하는데, 이 무렵 나박문[36]에게 보낸 다음의 두 편지는 주희가 호상학에 접근해 가는 과정을 비교적 소상하게 보여준다.

흠부에게서 일찍이 안부 편지를 받음에 깨우쳐 주는 말이 매우 많

---

34) 주희가 장식을 처음 만난 것은 1163년 황제를 면대하고 상주를 올린 뒤 잠시 수도 임안에 머무르고 있을 때였다. 이때 장식 역시 명을 받고 임안에 들어왔다. 田浩, 『朱熹的思維世界』(台北: 允晨文化實業股份有限公司, 1996), 65쪽 참고.
35) 『朱熹集』續集 권5, 5237쪽, 「答羅參議2」 自豫章送之豊城, 舟中與欽夫得三日之款. 其名質甚敏, 學問甚正, 若充養不置, 何可量也.
36) 字는 宗禮. 남검주 사현 사람으로 주희와 마찬가지로 이동에게 수학하였다. 주희가 그에게 보낸 편지로 미루어 보면, 그는 아마 선학적 경향이 짙었던 것 같다. 죽은 뒤에 주희는 그의 행장을 지었다. 이황, 『朱子書節要』권19 諸子目錄 참고.

습니다. 대저 衡山의 학문(호상학)은 단지 日用處에 나아가서 마음을
잡아 지키고 物·事를 살피기에(操存辨察) 本末이 일치하니, 그 功을
보기가 더욱 쉽습니다. 저는 근래에 비로소 깨달아 안 것이 이와 같
으니, 직접 만나서 이야기하지 않으면 다 말하기 어렵습니다.[37]

저는 외진 산간에 홀로 떨어져 있기에, 벗과 스승의 도움이 전혀
없었는데, 오직 때때로 흠부와 편지를 주고받으며 우리의 도를 講究
함으로 인하여 요즈음에 바야흐로 홀연히 깨달은 바가 있음을 느낍니
다. 오래도록 마음 깊이 玩味함에, 지난날 서림원에서 가르침[38]을 받
고 제대로 이해하지 못했던 것들을 이제는 마음속에서 이해할 수 있
게 되었습니다.[39]

나박문에게 보내는 두 번째 편지에 나타난 바와 같이, 주희와 장식
은 豫章에서 豊城으로 가는 배 안에서 3일 동안 줄곧 토론을 벌였다.
그들의 토론 주제가 주로 호상학의 공부 방법에 관한 것이었음은 나
박문에게 보내는 네 번째 편지를 보면 쉽게 알 수 있다. 주희는 장식
과의 토론을 통해서 '先察識後涵養'이라는 호상학의 핵심 명제를 접하
고, 마침내 이동의 가르침에 대해서 스스로 느껴온 내적 모순을 해결
한다. 나박문에게 보내는 여섯 번째 편지는 주희가 이동의 가르침을

---

37) 『朱熹集』續集 권5, 5238쪽, 「答羅參議4」 欽夫嘗收安問, 警益甚多. 大抵衡
　　山之學只就日用處操存辨察, 本末一致, 尤易見功. 某近乃覺知如此, 非面未
　　易究也.
　　※이 편지를 王懋竑은 1166년에 쓰인 것으로 보나(『宋朱子年譜』, 臺灣商
　　務印書館, 민국71년 판, 27쪽), 陳來는 1164년 겨울에 쓰인 두 번째 편지
　　에 바로 이어지는 편지로 보고 1165년 초에 쓴 것이라고 본다(『朱子書
　　信編年考證』, 上海人民出版社, 1987, 33쪽).
38) 주희는 1160년 10월부터 두 달간, 1162년 1월부터 석 달간 연평에 있는
　　西林院에서 이동의 가르침을 받았다.
39) 『朱熹集』續集 권5, 5239쪽, 「答羅參議6」 某塊坐窮山, 絶無師友之助, 惟時
　　得欽夫書問往來, 講究此道, 近方覺有脫然處. 潛味之久, 益覺日前所聞於西
　　林而未之契者, 皆不我欺矣.

나름대로 소화해 내고 있음을 보여준다. 그는 자신만만하게 편지의 말미에 다음과 같이 쓰고 있다.

　　원래 儒學과 禪學은 십분 서로 비슷하니, 그 차이점은 털끝 하나에 불과할 뿐입니다. 그러나 이 미세한 차이가 도리어 매우 중요한 위치를 차지합니다. 오늘날의 儒者도 禪學을 제대로 알지 못하고, 禪學을 하는 사람들도 우리 유학에 대해서 잘 알지 못하면서 서로 배격을 합니다. 양쪽 모두 그 핵심을 꿰뚫지 못하니 또한 우스울 뿐입니다.[40]

　일반적으로 이동의 가르침을 떠나, 已發 중심의 호상학에 기울어진 마음 이론을 中和舊說이라고 부른다. 중화구설 시기의 '마음 이론'은 장식에게 보내는 네 통의 편지에 집중적으로 드러나 있는데, 이 편지들을 각각 중화구설 제1서, 제2서, 제3서, 제4서라고 부른다. 『朱熹集』 卷30의 「與張欽夫3」, 卷30의 「與張欽夫4」, 卷32의 「答張敬夫3」, 卷32의 「答張敬夫4」가 바로 이 편지들이다. 이 편지들을 쓴 시기 및 순서에 대해서는 여러 가지 견해가 있으며,[41] 이것들은 주희의 '마음 이론'의

---

40) 『朱熹集』續集 권5, 5239쪽, 「答羅參議6」 元來此事與禪學十分相似, 所爭毫末耳. 然此毫末却甚占地位, 今學者旣不知禪, 而禪者又不知學, 互相排擊, 都不箇著痛處, 亦可笑耳.

41) 錢穆은 1167년 주희가 長沙로 가서 장식을 만난 사실을 기점으로 이 편지들이 모두 그 이후인 1168년에 시작하여 1169년 己丑之悟 직전까지 쓰인 것으로 본다(『朱子新學案 二』(台北: 三民書局, 1971), 140쪽). 陳榮捷도 錢穆과 동일한 견해를 보이고 있다(『朱熹』(臺北: 東大圖書公司, 1990), 187쪽).
그러나 束景南은 王懋竑의 견해(『宋朱子年譜』, 臺灣商務印書館, 민국71년, 23-25쪽)를 기준으로 1164년 朱·張의 본격적인 만남 이후, 이미 1166년에 두 사람 사이에는 中和에 관한 의견이 일치되었다고 본다. 따라서 이 편지들은 주희의 중화구설이 완성된 시기인 1166년에 쓰인 것으로 보고, 문집에 실린 순서대로 각각 1, 2, 3, 4서로 본다(『朱子大傳』,

변화 추이를 살피는 데 있어서 매우 중요한 구실을 한다. 그러나 짧은 기간에 집중적으로 이루어진 편지들에서 서로 간의 논리적 일관성을 찾는 것은 쉽지 않은 일이며, 이 글의 주요 관심사도 또한 이에 있지는 않다. 따라서 이 글에서는 王懋竑과 束景南의 견해를 따라 이 편지들이 대체로 주희가 37세 때인 1166년 쓰인 것으로 보고, 문집에 실린 순서에 따라 각각 중화구설 제1서(권30, 與張欽夫3), 제2서(권30, 與張欽夫4), 제3서(권32, 答張敬夫3), 제4서(권32, 答張敬夫4)로 보고 논의를 전개하고자 한다.

중화구설 제1서와 제2서가 已發 중심의 호상학으로 급격히 접근해 가는 과정을 보여준다면, 중화구설 제3서와 제4서는 다시 호상학의 문제점을 인식하고, 未發에 대한 새로운 해석의 필요성을 자각해 가는 과정에서 쓰인 것이라고 할 수 있다. 특히 여기에서 한 가지 주목할 만한 사실은, 주희가 호상학으로 접근해 가는 계기가 된 선불교의 공부 방법론에 대한 비판이, 또다시 호상학으로부터 이탈하는 계기가 되었다는 점이다. 결과적으로 호상학은 새로운 공부 방법론을 향한 주희의 여정에서 하나의 발판을 제공한 셈이다.

주희는 1172년 장식과 자신 사이에 오간 중화구설 시기의 편지들을 편집하고, 여기에 서문을 붙임으로써 未發·已發에 관한 사고의 변천

福建教育出版社, 1992, 233-237쪽).

한편 陳來는 일반적으로 중화구설 제4서로 불리는 문집 권32의 네 번째 편지는 내용상 권30의 세 번째 편지인 제1서 다음에 놓아야 한다고 주장한다. 陳來의 견해에 따르면, 권30-3, 권32-4, 권30-4, 권32-3이 각각 중화구설 제1서, 제2서, 제3서, 제4서가 되는 셈이다. 그는 이 편지들이 쓰인 시기에 관해서는 1166에 시작하여 마지막 편지가 1167년 봄에 쓰인 것으로 본다(『朱子書信編年考證』, 上海人民出版社, 1987, 35쪽). 牟宗三도 제4서인 32-4를 제1서인 30-3 바로 다음에 놓아야 한다는 견해를 내놓고 있다(『心體與性體 三』, 台北: 正中書局, 1983, 94쪽).

과정을 정리한다. 특히 그는 중화구설 제1, 2서에 대해서는 "이 편지들은 잘못되었다. 이것들을 없애지 않고 남겨두는 이유는, 다만 논의의 과정을 보여주기 위한 목적에서이다"[42]라는 말까지 덧붙여 이전의 견해와 확실한 단절을 꾀하고 있다. 주희 스스로 밝힌 다음 글은 중화구설의 전개 과정을 일목요연하게 보여준다.

> 나는 일찍이 연평 이 선생을 좇아서 배웠는데, 『중용』의 '喜怒哀樂之未發'의 본질에 대해서 미처 깨닫지 못했을 때 선생님께서 돌아가셨다. 남몰래 스스로의 둔함을 탓하며 슬퍼했을 뿐, 스승을 잃은 내가 갈 곳은 아무 데도 없었다. 장흠부가 衡山의 胡氏學을 얻었다는 말을 듣고 가서 그 지결을 물었다. 흠부는 나에게 들은 바를 말해 주었는데 나 역시 깨닫지 못했다. 물러나 생각에 빠져서 거의 침식을 잊을 정도였다. 어느 날 나도 모르는 탄식과 함께한 생각이 떠올랐다. '사람이 어린아이 때부터 늙어 죽을 때까지 비록 말과 행동(語默動靜)이 같지 않지만, 그 마음(大體)은 已發이 아닌 것이 없다. 다만 未發이라는 것은 아직 작용이 시작되지 않은 것에 지나지 않는다!' 이후 이것에 대해서는 다시 의심이 없었으며, 『중용』의 뜻이 진실로 여기에서 벗어나지 않는다고 생각했다. 뒤에 胡氏(胡宏)의 책에서 「與曾吉父書」를 읽어보니, 未發의 뜻을 논한 것이 내 생각과 꼭 들어맞아 더욱 자신감을 가지게 되었다. 비록 程子의 말이라도 여기에서 벗어나는 것은 잘못 전해졌거나 초기의 말로 치부하여 믿지 않았다.[43]

---

42) 『朱熹集』권30, 1289쪽, 「與張欽夫3」, 先生自注云: 此書非是, 但存之以見議論本末耳.

43) 『朱熹集』권75, 3949쪽, 「中和舊說序」 余蚤從延平李先生學, 受中庸之書, 求喜怒哀樂未發之旨未達, 李先生沒. 余竊自悼其不敏, 若窮人之無歸. 聞張欽夫得衡山胡氏學, 則往從而問焉. 欽夫告余以所聞, 余亦未之省也. 退而沉思, 殆忘寢食. 一日, 喟然嘆曰, '人自嬰兒以至老死, 雖語默動靜之不同, 然其大體莫非已發, 特其未發者爲未嘗發爾!' 自此不復有疑, 以爲中庸之旨果不外乎此矣. 後得胡氏書, 有與曾吉父論未發之旨者, 其論又適與余意合, 用是益自信. 雖程子之言, 有不合者, 亦直以爲少作失傳而不之信也.

이처럼 주희는 1164년 장식을 만난 이후 이동으로부터 풀지 못한 未發의 본질을 깨닫기 위해 부단히 노력하며, 결국 未發의 존재 자체를 현실의 영역에서 인정하지 않음으로써 자신의 고민을 해결한다. 주희가 장식에게 보낸 중화구설 제1서와 제2서는 그의 이러한 생각의 변화를 담고 있다. 그러나 그는 이내 끊임없이 마음속에서 고개를 드는 잡다한 생각들을 잠재워야 하는 어려움에 부딪히게 된다. 주희 스스로가 언급한 바와 같이, 삶 자체가 已發의 연속일 뿐이라면, 현실적 한계(氣質之性)를 지닌 인간으로서는 끊임없이 다가오는 物·事의 유혹에 휘둘리지 않을 수 없게 된다. 따라서 주희는 공부의 구체적인 과정에서, 욕망으로 넘치는 현실에 직면하여 끊임없이 흔들리는 마음을 다잡아 갈 원천의 필요성을 절감하게 된다. 이것은 그의 공부론이 이동(도남학)과 장식(호상학)을 거쳐 드디어 未發에 대한 새로운 해석을 향해 궤도를 잡아가고 있음을 의미한다. 중화구설 제3서와 제4서는 바로 이러한 문제의식을 보여주며, 주희는 이러한 인식을 토대로 호상학자들을 향해서 서서히 결별의 메시지를 띄우기 시작한다. 일단 그는 未發과 已發에 대한 생각의 변화를 장식에게 다음과 같이 전하고 있다.

생각건대 연못을 기울이고 바다를 뒤엎을 듯한 기상만을 가지고 단박에 근원을 깨닫고자 하였기에, 종일토록 오직 수만 갈래로 펼쳐지는 현상(大化)의 꽁무니에만 매달려, 마치 거대한 격랑 속에서 한순간도 정박할 수 없는 배와 같음을 느낍니다. 대개 그 보는 바가 이와 같으니, 物·事와 교호작용(應事接物)을 함에 있어서 다만 막무가내로 과감하게 밀어붙이는 힘은 전날에 비해 훨씬 강해졌으나, 관대하게 포용하는 기상은 털끝만큼도 없게 되었습니다. 비록 내 자신이 그 병을 모르는 바는 아니지만 도무지 그러한 까닭을 알지 못했습니다.
하지만 지금에 와서야 비로소 끝없이 펼쳐지는 다양한 현상 속에서도(浩浩大化之中) 저마다 하나의 의지처(安宅)를 가지고 있다는 것을 알게 되었습니다. 그것은 바로 한 개인이 스스로를 의탁하여 이치를 받아들이고(安身立命), 만사를 주재하고 지각할 수 있는 곳(主宰知覺處)이며, 그러기에 큰 근본(大本)을 알아 보편적인 도(達道)를 행해지게 하는 바탕(樞要)이 되는 것입니다. '이른바 본체와 현상은 그 근본이 하나이고, 드러남과 은미함은 본질적으로 다르지 않다(體用一源, 顯微無間)'는 것이 바로 여기에 있습니다.

따라서 제가 앞의 편지44)에서 말씀드린, "已發의 마음은 바야흐로 지나가고, 未發의 마음은 바야흐로 오는 것이니, 마음은 오직 已發일 뿐이라는 주장(方往方來之說)"은 정작 손발만 바쁘고 어지러울 뿐, 몸을 붙일 곳이 없는 것이었습니다. 도가 코앞에 있는데, 먼 데만 보는 지경에 이르렀으니 이 얼마나 한심한 일입니까?45)

주희는 이동의 가르침의 핵심인 未發의 실체가 무엇인가에 대한 고민을 '마음은 오직 已發일 뿐이다'라는 호상학의 핵심 명제를 통해서 일거에 해결한다. 그러나 이것은 다만 논리적인 차원에서의 해결책을 구한 것일 뿐, 공부의 구체적인 과정에서 생기는 문제까지 해결해 줄 수는 없었다. 그러기에 그는 파도 한가운데 서 있는 배처럼, 잠시도

---

44) 중화구설 제2서로서 『朱熹集』권30, 1290－1291쪽, 「與張欽夫4」가 이에 해당한다. 주희는 이 편지에서 '지금에 와서 생각해 보니, 오직 한 마음에는 이미 體用이 갖추어져 있다. 已發의 마음은 바야흐로 지나가고, 未發의 마음은 바야흐로 오는 것이니, 未發과 已發은 애당초에 간격이 없어 끊어진 곳이 없는데, 어찌 둘로 나누어 각각 未發과 已發이라고 지칭하여 부를 수 있겠는가?(自今觀之, 只一念間已具此體用, 發者方往而未發者方來, 了無間斷隔截處, 夫豈別有物可指而名之哉?)'라고 쓴다.

45) 『朱熹集』권32, 1372쪽, 「答張敬夫3」蓋只見得箇直截根源傾湫倒海底氣象, 日間但覺爲大化所驅, 如在洪濤巨浪之中, 不容少頃停泊, 蓋其所見一向如是, 以故應事接物處但覺粗厲勇果增倍於前, 而寬裕雍容之氣略無毫髮. 雖竊病之, 而不知其所自來也. 而今而後, 乃知浩浩大化之中, 一家自有一箇安宅, 正是自家安身立命, 主宰知覺處, 所以立大本, 行達道之樞要. 所謂體用一源, 顯微無間者, 乃在於此. 而前此方往方來之說, 正是手忙足亂, 無著身處. 道邇求遠, 乃至於是, 亦可笑矣.

생각의 어지러움(思慮紛擾)에서 벗어나지 못하는 자신의 처지를 장식에게 그렇게 토로하고 있는 것이다. 그리고 마음의 본질을 已發에서만 규정하고자 하는 호상학의 명제에 대해서 서서히 의심의 눈길을 보내기 시작한다. 즉 마음이 작용하는 현실의 장에서 그 선악 여부를 판단하고(察識端倪), 몸과 마음을 올곧게 하여(敬) 그 바른 싹을 보존하고 키워 나가려는 노력을 배가시키지만, 끊임없이 일어나는 사사로운 욕망에 휘둘리지 않고 차분히 현실을 지켜볼 수 있는 의지처(安宅)가 없음을 절감하게 된다. 주희는 이처럼 공부의 구체적인 체험을 통해서, 마음의 본질을 已發의 측면에서만 규정하고자 하는 호상학의 한계를 절감하게 된다. 그리고 1167년 가을, 장식의 초청으로 다시 한번 長沙(湖湘)를 방문하여 그곳의 학자들과 광범위한 접촉을 통해서, 호상학의 공부법이 그 특성상 선불교적 성향을 가질 수밖에 없다고 진단한다. 1168년 주희가 석자중[46]에게 보낸 다섯 번째 편지에는 이 점이 잘 드러나 있다.

> 저는 지난 가을에 長沙를 향해 떠나 한 달이 걸려 도착하여, 두 달 동안 머물다가 다시 돌아왔습니다. …… 흠부는 그 식견이 뛰어나 내가 미칠 바가 아니어서, 그와 오래 함께 할수록 계속해서 깨우쳐 주는 것이 참으로 많습니다. 그러나 선천적인 자질이 명민하여, 단계를 밟아 꾸준히 공부하지 않고(不歷階級) 한 번에 그런 경지에 이른 까닭에, 사람들에게 너무 고원한 말만 하는 것이 흠입니다. 흠부 주변에 있는 호상의 학자들 또한 그와 마찬가지로 공허한 말을 해대니 그 흘러 퍼질 폐단이 적지 않을 것입니다.
>
> 요즈음엔 흠부도 이러한 병폐를 느낀 듯하니, 차츰 이를 시정하려

---

46) 이름은 墩, 호는 克齋, 台州 臨海人. 주희의 知友. 주희의 후임으로 知南康軍에 제수되었으나 부임하지 못하고 죽었다. 주희가 그의 묘지명을 지었다. 李滉, 『朱子書節要』권9 諸子目錄 참고.

고 노력할 것입니다. …… 호씨의 자제들 및 그 문인들 역시 도를 밝히기가 쉽지 않다는 것을 말하면서도, 모두 실질이 없이, 마치 "몽둥이를 어루만지고 먼지떨이를 세워 흔드는 것(拈槌竪拂)"처럼 행동을 해대니, 禪을 말하는 사람들과 다를 것이 무엇이겠습니까?[47]

주희는 이미 중화구설 제3서에서, 불합리한 현실에 발을 딛고 선 개인이 몸과 마음을 수렴함이 없이 곧바로 善端을 깨치려고 할 경우, 단박에 깨우침을 얻으려는(一超直入) 위험에 빠질 수 있음을 지적한 바 있다. 석자중에게 보내는 위의 편지는 이 점을 좀 더 분명하게 밝히고 있다. 결국 주희가 호상학으로 접근해 가는 계기가 된 선불교에 대한 비판 의식이, 또다시 호상학으로부터 이탈하는 계기를 제공하고 있다. 따라서 호상학은 새로운 공부 방법론을 향한 주희의 여정에서 하나의 징검다리 구실을 한 셈이다.

다. 새로운 마음 이론 : 未發과 已發의 연동

주희의 '마음 이론'은 실제적인 공부의 과정에서 드러나는 문제점을 극복해 내면서 형성된 것이다. 주희는 未發의 본질에 대한 새로운 인식을 토대로 '中和新說'로 지칭되는 자신의 '마음 이론'을 확립하고, 이후 공부론을 점차 세밀하게 다듬어간다. 중화신설은, 마음은 공부의 대상이 아니라 공부의 주체라는 가정을 기반으로 한다. 중화구설 시기에 주희가 급격히 호상학에 매료된 것도 사실은 이러한 생각이 마음

---

47) 『朱熹集』권42, 1980쪽, 「答石子重5」 熹自去秋之中走長沙, 閱月而後至, 留兩月而後歸. …… 欽夫見處卓然不可及, 從游之久, 反復皆益爲多. 但其天資明敏, 從初不歷階級而得之, 故今日於人亦多失之太高. 湘中學者從之游者遂一例學爲虛談, 其流弊亦將有害. 此來頗覺此病矣. 別後當有以救之. …… 胡氏子弟及它門人亦有語此者, 然皆無實得, 拈槌竪拂, 幾如說禪矣.

속에서 싹텄기 때문일 것이다. 그러나 주희는 공부의 구체적인 체험을 통하여, 已發에만 주목한 결과 빚어지는 현실적인 문제점을 절감하게 된다. 중화구설 제3서와 제4서는 바로 주희의 이러한 문제의식이 형성되어 가는 과정에서 쓰인 편지들이다. 주희의 고민은 현실의 드러난 마음(已發)은 항상 純一할 수는 없으며, 따라서 일상의 物·事를 접함에 마음이 그것들에 휘둘릴 가능성이 늘 존재한다는 데에 있었다. 이것이 아직 드러나지 않은 마음, 즉 마음의 또 다른 측면으로서의 未發을 주희가 새롭게 해석하는 이유이다.

마음이 공부의 주체이고, 마음에는 각각 未發과 已發이라고 하는 측면이 있다고 한다면, 자연히 공부도 두 가지 측면에서 이루어질 수밖에 없을 것이다. 이제 주희는 다음과 같은 程子의 말을 의심 없이 받아들이게 된다.

"만약 희로애락의 감정이 아직 드러나지 않았을 때에 마음을 보존하고 기른다."라고 말한다면 괜찮다. 그러나 "희로애락이 아직 드러나기 전의 바로 그 상태를 구할 수 있다"라고 말하는 것은 틀린 것이다. 그대의 말대로 배우는 사람은 마땅히 마음이 드러난 곳에서 힘쓸 뿐만 아니라, 마음이 드러나기 전에는 다만 평상시에 함양을 해야 한다.[48] 함양으로 말하면 반드시 敬으로써 해야 하고, 공부의 목적은 앎을 지극히 하는 데에 있다.[49]

주희는 程子의 말을 빌려 未發의 존재 자체를 부정했던 중화구설은 未發에 대한 자신의 잘못된 이해에서 비롯되었음을 고백한다. 이는 또

---

48) 『二程遺書』(上海: 上海古籍出版社, 2000), 권18, 伊川先生語四, 250쪽. 若言存養于喜怒哀樂未發之時, 則可. 若言求中于喜怒哀樂未發之前, 不可. 又問: 學者喜怒哀樂發時固當勉强裁抑, 于未發之前當如何用功? 曰: 只平日涵養便是.
49) 위의 책, 237쪽. 涵養須用敬, 進學則在致知.

한 주희가 已發時 발생하는 공부상의 어려움을 극복할 수 있는 未發時 함양 공부의 필요성을 강하게 인식하고 있음을 보여준다. 주희는 1169년 '未發에 대한 새로운 깨달음(己丑之悟)'을 토대로 기존의 선입견에서 벗어나 찬찬히 程子의 글들을 다시 읽기 시작한다. 그리고 얼마 되지 않아 공부의 구체적인 과정에서 느껴 온 모순들을 자신의 이론 체계 안에서 완전히 해소하게 된다.50) 1169년에서 1170년에 걸쳐 주희가 임택지에게 보낸 일련의 편지들에는 새로운 이론 체계를 바탕으로 한 공부론의 면모가 자세히 드러나 있다. 주희는 임택지51)에게 보낸 여섯 번째 편지를 통하여 性을 未發로, 心을 已發로 규정하는 종래의 입장(性體心用)을 포기하고, 心과 性의 관계를 새롭게 자리매김하고 있다.

어제의 편지에서 다룬 未發에 대해서는 어떻게 생각하는가? 이틀 동안 생각해 보니, 心과 性은 그 본질에 있어서는 차이가 없다는 여태까지의 생각이 틀리지 싶네. 더군다나 거기에 未發과 已發을 성급하게 갖다 붙이는 것은 심히 온당하지 않는 듯하네.

아마도 未發이란 사려와 사물이 아직 접하지 않은 때이니, 여기에서 性의 본래적 모습(體段)을 볼 수 있으므로 中이라고는 할 수 있지만, 그것을 性 자체라고 말할 수는 없을 것이네. 發하여 이치에 어긋나지 않는 것(中節)은 사려와 사물이 이미 서로 접한 때로서, 그 理를 다 얻은 것이므로 이것을 일러 和라고 할 수 있지만, 心이라고 할 수는 없다네. 心은 未發에서 已發까지, 저 위대한 『易』에서 일컫는

---

50) 『朱熹集』권75, 3950쪽, 「中和舊說序」則復取程氏書, 虛心平氣而徐讀之. 未及數行, 凍解冰釋, 然後知情性之本然, 聖賢之微旨, 其平正明白乃如此. 而前日讀之不詳, 妄生穿穴, 凡所辛苦而僅得之者, 適足以自誤而已.

51) 名 用中, 字는 擇之. 福州府 古田縣 사람으로 어려서 名儒인 林光朝에게 사사하였다. 건도2년(1166) 3월부터 崇安 五夫里에서 주희에게 배웠다. 方彦壽, 『朱熹書院與門人考』(上海: 華東師範大學出版社, 2000), 45쪽.

84

'낳고 낳아서 끊임없이 流行하면서 한 번 動하고 한 번 靜하는 것 모두'에 적극적으로 관여하는 것이라네.

그전에는 程子의 『遺書』에 있는 말이 치밀하지 못한 것이 있다고 생각했는데, 이제 이러한 생각에 바탕을 두고 살펴보니 그 말씀이 하나라도 이해되지 않는 것이 없다네. 주관에 치우쳐 책을 제멋대로 읽어서는 안 된다는 말이 맞나 보네. 어찌 성현의 가르침이 쉽게 밝혀지겠으며, 道體의 정미함이 쉽게 드러나겠는가?[52]

이 편지에서 주희는, 마음에는 事·物과 교호작용을 하기 전인 본래적인 상태와(未發), 事·物과 본격적인 교호작용을 통하여 생각이 싹트기 시작하는 때가(已發) 있으며, 마음은 이들 두 측면에 항상 적극적으로 관여한다고 주장한다. 그리고 이러한 생각을 토대로 程子의 『遺書』를 읽어보니 모두 제대로 이해되었다고 쓰고 있다. 그의 말대로 마음에는 已發과 未發의 두 측면이 있다고 한다면, 공부 또한 이 두 측면에서 함께 이루어져야 하는 것은 당연하다. 특히 여기에서 우리가 놓치지 말아야 할 사실은, 이 새로운 마음 이론에 입각한 공부론은 그 성격에 있어서 未發 중심의 도남학이나 已發 중심의 호상학을 산술적으로 합친 것과는 근본적으로 다르다는 점이다. 주희는 자신의 未發時 공부는 도남학의 그것과는 근본적으로 다르며, 특히 未發時의 寂然不動한 마음의 본체를 '中'으로 보고, 그것을 직접 체인하려고 하는 '求中說'은 그 모순이 적지 않다고 본다.

---

52) 『朱熹集』권43, 2031쪽, 「答林擇之6」 昨日書中論未發者看得如何? 兩日思之, 疑舊來所說於心性之實未有差, 而未發已發字頓放得未甚穩當. 疑未發只是思慮事物之未接時, 於此便可見性之體段, 故可謂之中而不可謂之性也. 發而中節是思慮事物已交之際, 皆得其理, 故可謂之和而不可謂之心. 心則通貫乎已發未發之間, 乃大易生生流行, 一動一靜之全體. 舊疑遺書所記不審, 今以此勘之, 無一不合. 信乎! 天下之書未可輕讀, 聖賢指趣未易明, 道體精微未易究也!

인용한 "사람은 나면서부터 고요하다"라는 말에서 고요하다는 뜻의 '靜'을 어떻게 보시는가? 내가 생각하기에는 이 말 역시 아마도 아직 사물에 감응하지 않았을 때(未感物時)를 가리키는 것임에 틀림없네. 생각건대 이 때에 마음은 天理를 온전하게 갖추고 있으니, 그 상태는 이른바 '中'이란 것으로, 바로 이를 통하여 性의 온전한 모습(體)을 엿볼 수 있게 되는 것이네. …… 대개 '中和'란 두 글자는 모두 도의 體用인데, 사람의 경우에 한정하여 보면, 각각 未發과 已發이라고 일컬을 수 있는 것이네. 그러나 저절로 未發이 있는 것이 아니니, 사물이 아직 이르지 않아 사려가 싹트기 전에 몸과 마음을 다잡아(敬53)) 그 본래적인 상태를 유지하려고 노력하지 않는다면, 이 때부터 벌써 어지럽고 뒤엉켜서 다시는 未發의 때가 있지 않게 되는 것이네. 이른바 '中'의 상태에 이르지 못하면, 그 發하는 것은 반드시 어그러지게 되고, 따라서 '和'라는 상태를 기대할 수 없게 될 것이네. 오직 경계하고 삼가고 두려워하여 감히 잠시라도 떠나지 않은 뒤라야 '中和'에 이를 수 있는 것이니, 이 때에 비로소 큰 근본으로 통하는 길(大本達道)이 내게 열리는 것이네. 이것에 대해서는 二程께서 대체로 여러 차례 말씀하셨는데, 우리가 명심해야 할 것은 龜山이 말한 "未發의 상태에서 中을 능히 체득할 수 있고, 已發의 상태에서 和를 얻을 수 있다"라는 것이 이와 흡사한 것 같지만 거기에는 가벼이 보아 넘길 수 없는 문제가 있다는 점이네.54)

주희의 龜山 楊時에 대한 비판의 초점은 '中'에 대한 개념적 차이에

---

53) 이 편지에서 주희는 『中庸의』 '愼獨'을 이른바 敬하여 平日涵養 공부를 잃지 말라는 뜻으로 새기고 있다.

54) 『朱熹集』권43, 2045-2046쪽, 「答林擇之20」 所引'人生而靜', 不知如何看 '靜'字? 恐此亦指未感物而言耳. 蓋當此之時, 此心渾然, 天理全具. 所謂'中者狀性之體', 正於此見之. …… 蓋中和'二字皆道之體用, 以人言之, 則未發已發之謂. 但不能愼獨, 則雖事物未至, 固已紛綸膠擾, 無復未發之時. 旣無以致夫所謂中, 而其發必乖, 又無以致夫所謂和. 惟其戒謹恐懼, 不敢須臾離, 然後中和可致而大本達道乃在我矣. 此道也二先生蓋屢言之, 而龜山所謂"未發之際能體所謂中, 已發之際能得所謂和", 此語爲近之, 然未免有病.

있다. 즉, 양시는 中을 性 자체로 보는 데 비하여, 주희에 의하면 中은 性 그 자체라기보다는 性의 존재 양상을 나타내는 개념이라는 것이다. 따라서 未發時에 性 그 자체를 온전히 체득할 수 있다고 보는 求中說은, 주희에게 모순으로 보일 수밖에 없는 것이다. 주희는 이처럼 정자의 말을 기반으로 未發을 마음의 영역에서 재해석함으로써 공부론의 새로운 출발점으로 삼고 있다.

또한 주희는 未發과 已發을 철저하게 갈라서 보고, 공부의 영역을 已發에만 한정하는 호상학의 구도를 벗어나, 공부의 구체적인 과정에서는 이들 두 측면이 결코 끊어질 수 없을 뿐만 아니라, 각각의 영역 속에 융해되어(交相爲助) 있어야 한다고 본다. 즉 未發 속에는 已發의 가능성이 상존하고, 已發時에도 未發의 기상이 존재한다는 것이다. 주희는 이런 생각을 임택지에게 다음과 같이 말하면서, 정자의 『遺書』를 통해서 이것을 확인해 볼 것을 권하고 있다.

대개 마음의 體는 有無, 動靜에 두루 통하고 걸쳐 있다네. 따라서 공부도 또한 有無를 통하고 動靜에 두루 미쳐 있어야만 바야흐로 새는 것이 없는 것이네. 만약 반드시 그 發하는 것을 기다린 연후에 그 發한 바를 살피고(察識), 살핀 다음에만 그것을 보존(涵養)할 수 있다고 한다면 공부에서 미치지 못하는 바가 많을 것이네. 반드시 아직 發하기 전에 함양하여야만, 그 發하는 바가 저절로 中節함이 많고, 그렇지 않음이 적어져, 體察하는 것 또한 매우 분명해지고 공부하는 데에 힘도 적게 들 것이네.[55]

---

55) 『朱熹集』권43, 2049쪽, 「答林擇之22」 大抵心體通有無, 該動靜, 故工夫亦通有無, 該動靜, 方無透漏. 若必待其發而後察, 察而後存, 則工夫之所不至多矣. 惟涵養於未發之前, 則其發處自然中節者多, 不中節者少, 體察之際, 亦甚明審, 易爲著力.

　주희는 이러한 생각을 敬에 대한 새로운 해석을 통해서 좀 더 구체화한다. 그에 의하면, 敬은 未發時에는 심신이 본래적인 바름의 상태(中)를 유지하도록 하고, 已發時에는 그 바름이 物·事의 어지러움에 휘말리지 않고 일상 속에 흐르는 理를 제대로 보도록 해 준다. 따라서 敬은 未發과 已發의 공부를 두루 관통하는 공부론의 핵심적인 장치가 된다. 주희는 『대학』의 공부가 격물치지로부터 시작되는 까닭을 처음에는 도저히 이해할 수 없었으나, 敬이 動靜을 관통하는 공부로 자리한 후에는 이에 대한 의문이 저절로 풀렸다고 고백한다.[56] 이제 주희는 새로운 마음 이론을 토대로 마음이 작용하는 현실의 장, 즉 '세계'에 대한 존재론적 설명에 관심을 기울인다.

　주희에게 있어서 세계는 내가 발을 딛고 서 있는 日用人倫의 '인간 세계'뿐만 아니라 '자연 세계'까지를 포함한다.[57] 따라서 '세계'의 본질에 대한 주희의 설명은 우리 자신을 포함한 세계 전체에 걸쳐 있으며, 여기에서 문제가 되는 것은 현실적 한계를 지닌 우리가 세계와 어떻게 조응함으로써 본래적 밝음을 회복할 수 있느냐 하는 것이다. 이기론은 바로 세계에 대한 존재론적 설명에 해당한다.

　이기론의 구도에서 보면, '세계'는 우리 인간에 의해서 파악되기를 기다리는 수동적 대상이 아니라, 자신 안에 스스로의 존재 원리를 간직한 채 끊임없이 그것을 드러내고자 한다. 물론 주희가 강조하듯이 세계의 존재 원리로서의 理는 그 본질상에서 보면, 스스로의 능동적

---

56) 『朱熹集』권43, 2045쪽, 「答林擇之19」 今且論涵養一節, 疑古人直自小學中涵養成就, 所以大學之道只從格物做起. 今人從前無此工夫, 但見大學以格物爲先, 便欲只以思慮知識求之, 更不於操存處用力. 縱使窺測得十分, 亦無實地可據. 大抵敬字是徹上徹下之意, 格物致知乃其間節次進步處耳.

57) 최진덕, "朱子의 中和新說과 敬의 공부론", 『철학연구』, 제51집(서울: 철학연구회, 2000. 겨울), 22쪽.

작용에 의해 자신을 드러낼 수는 없다.[58] 그것은 다만 세계의 드러난 부분[59]에서 理를 대면하려는 개개인의 적극적인 노력에 의해 서로 조응할 수 있을 뿐이다. 주희가 마음을 未發과 已發이라는 두 가지 측면에서 파악한 것은 공부의 구체적인 체험을 통해서 얻어진 결과이다. 그것은 드러난 세계를 통하여 끊임없이 理를 대면해 감으로써 우리가 가진 본연의 성을 회복하고자 하는 고뇌의 산물이라고 할 수 있다. 즉 주희가 마음 안에 未發과 已發의 두 측면이 있음을 인정하지 않을 수 없었던 것은 구체적인 공부의 과정에서 끊임없이 돌출하여 나오는 어려움을 제어하고자 하는 절실한 필요 때문이었다. 함양과 격물치지는 각각 未發과 已發의 측면에서 이루어지는 공부에 해당한다.

함양과 격물치지에 대해서는 제4장에서 좀 더 자세히 살펴볼 것이다. 다만 여기에서 우리가 반드시 짚고 넘어가야 할 중요한 사실은 삶이란 결코 단편적일 수가 없기에 未發과 已發은 일상 속에서 끊임없이 상호 작용[60]을 하게 된다는 것이다. 따라서 주희가 공부의 양상을 두 측면에서 설명하고 있는 것은 실천을 위한 하나의 '기술적인 배려'이지 질적으로 서로 다른 별개의 공부 방법이 존재한다는 것을 시사하는 것은 아니다. 理氣 개념의 핵심 아이디어인 '動과 靜'은 항상 서로를 머금고 있으며,[61] 이에 대한 자각이 공부론의 출발점이라고 본

---

58) 『朱子語類一』권1, 理氣上. 蓋氣則能凝結造作, 理却無情意, 無計度, 無造作.
59) 氣의 세계, 일상의 세계 혹은 생활의 세계라고 부를 수도 있을 것이다.
60) 『朱子語類一』권5, 性理二. 心無間於已發未發. 徹頭徹尾都是, 那處截做已發未發.
61) 動과 靜 양자는 절대적 자기동일성보다는 서로가 서로의 존재를 요청하는 對待 관계에 서 있다는 점에서 데리다가 말한 差延(la différance)에 가깝다. 김형효는 차연의 개념을 다음과 같이 설명한다. "이 다름의 차이는 서로 칸막이로 가로막힌 차단의 벽에 의하여 각각 별개로 존재하는 이원성이 아니고, 이것이 있기 때문에 저것이 존재하듯이 그런 방식으로 일방의 것이 타방의 것에 각각 연기되어 있는 것 같고, 상감되어

다면, 주희의 격물치지론에 대한 비판들, 즉 理學과 心學의 대립구도를 심화시켰다거나, 尊德性보다는 道問學에 치우쳐 있다는 주장들은 설득력을 잃게 된다. 오히려 주희의 격물치지론은 '성인 됨'으로 향하는 여러 가지 길 중의 하나가 아니라, 유학을 그 유일한 길에 놓고자 하는 필생에 걸친 노력의 산물[62]이라고 할 수 있다. 이 점에서 "주희의 격물공부는 심학공부에 있어서 화룡점정과 같은 것이며 그 최후의 결론이라고 할 수 있다."라는 錢穆의 지적은[63] 그 핵심을 제대로 파악한 것이라고 할 수 있다.

2. 주희의 '세계'에 관한 이론

가. 이기론 형성의 계보

격물치지론에는 마음과 세계에 관한 생각이 서로 정교하게 맞물려 있다고 볼 때, 세계에 대한 존재론적 설명에 해당하는 이기론의 면모를 살펴보는 것은 격물치지론을 풀어내는 데에 있어서도 매우 중요한 관건이 된다. 주희는 理氣心性論의 구도 속에 여러 갈래로 나뉘어 전개되던 유학의 흐름을 녹여내고자 하였다. 그는 온갖 부조리가 만연하

있는 것 같고, 접목되어 있는 것 같다. 그래서 高山과 深淵은 하나의 주제나 중심으로 통일되는 것도 아니지만 그러나 둘로 분리되어 있는 것도 아니다. 일원성도 이원성도 거기에 발을 붙이지 못한다." 김형효, 『데리다와 노장의 독법』(성남: 한국정신문화연구원, 1994), 275쪽.

62) 자신의 공부론을 유학의 적자로서 위치시키고자 하는 주희의 노력은 당대의 학문적 경향에 대한 철저한 비판의식에 바탕을 두고 있다. 격물치지론은 바로 이러한 비판의식을 바탕으로 확립된 공부론의 핵심축이다.

63) 錢穆, 이완재, 백도근 역, 『주자학의 세계』(대구: 이문출판사, 1989), 169쪽.

고 있는 당대의 현실을 제도적 한계(法幣)가 아닌 인간의 삿된 욕망의 결과(人幣)로 보고, '인심의 바름을 얻는 길'에 헌신하는 것을 필생의 과제로 삼는다. 도대체 우리가 발을 딛고 서 있는 세계는 어떠한 모습이며, 그 안에 자리한 우리들 자신은 어떠한 존재인가? 주희는 선유들의 주장에 대한 적극적인 해석을 통하여 이 문제를 풀어내고자 한다. 그는 가장 가까이에 있는 二程을 자양분으로 삼아, 그 뿌리라고 할 수 있는 공자에게로 거슬러 올라간다. 그리고 자신의 구도에 따라 그 맥을 다음과 같이 정리한다.

孔夫子께서는 비록 제왕에 버금가는 반열에 오르시지는 못했지만, 옛 성인을 이어서 후학을 이끌어 주신 공으로 말하면 오히려 堯舜보다 더함이 있으시다. 그러나 그분께서 살아 계실 때, 직접 보고 깨달아 그 宗統을 얻은 사람은 오직 顔回와 曾參 둘뿐이었다. 曾氏의 전함은 다시 孔夫子의 손자이신 子思에게 이어졌는데, 이 때에는 성인과의 거리가 멀어짐에 온갖 사사로운 논의들이 판을 치게 되었다. 이에 子思께서 그 眞傳이 점차 유실될 것을 염려하여 …… 『중용』을 지어 후세의 학자들을 가르치셨다. …… 이로부터 또다시 전하여 孟氏를 얻어서는 능히 이 책을 미루어 밝혀서 先聖의 전통을 이으셨는데, 그 별세함에 미처 그 전함마저 끊어지게 되었다. ……

그러나 程夫子 형제께서 나오셔서 이 책을 詳考하여 깨달음을 얻음으로써 천년 동안 失傳되었던 도통을 이으시고, 이를 바탕으로 불교와 노장 양가의 그럴듯한 언설들을 물리치셨다. 이에 子思의 공이 다시 빛을 발하니, 程夫子가 없었더라면, 우리가 이 책을 통하여 子思에게로 갈 수가 없었을 것이다. 그러나 애석하게도 또 程夫子의 말씀은 제대로 전해지지 못하였다. …… 비록 그 大義가 분명하나 그 깊은 뜻이 밝혀지지 못하여, 그 문인들에 이르러서는 저마다 자신의 설을 만들어 스승의 말씀을 곡해하고 불교와 노장에 탐닉한 자들까지 있게 되었다.

나는 어려서부터 이 책을 접하여 읽으면서 그 旨趣를 찾기 위해서 오랜 세월 동안 많은 노력을 기울인바, 어느 날 홀연히 그 要領을 터득했음을 느끼게 되었다. 이를 바탕으로 마침내 여러 가지 설들을 모으고, 그 바른 것을 가려 뽑아 이 책『중용장구』를 만들어 후세의 군자를 기다린다. …… 비록 도통을 전하는 작업에 망령되이 끼어들 수는 없는 것이나, 혹 초학자가 나의 논의를 통해서 하나라도 배운다면 '高遠한 곳'으로 향하는 길에 조그만 디딤돌이 될 수 있을 것이다.64)

주희가 위의 논의를 통해서 시종 강조하고 있는 것은 도의 이어짐, 즉 '도통의 전승'에 관한 문제이다. 사실 儒者의 미덕으로 강조되는 '述而不作'이라는 관점에서 본다면, 주희의 학문적 성과는 二程에 대한 주석 작업을 넘어서는 것이 아니다. 그러나 위의 언급에도 분명히 나타나 있듯이, 주희는 二程이 유학의 본령은 제대로 보았으나, 그 애매한 언설로 말미암아 제자들이 스승의 말을 곡해하여, 종국에 가서는 불교와 노장으로 대표되는 이단의 학문에 기울고 있음을 강력하게 비판하고 있다. 그리고 자신만이 二程의 본지를 제대로 파악하고 있음을 은근히 자임한다. 따라서 주희의 도통 개념65)은 二程에 대한 재해석

---

64)『中庸章句』「中庸章句序」若吾夫子, 則雖不得其位, 而所以繼往聖, 開來學, 反有賢於堯舜者. 然當是時, 見而知之者, 惟顏氏曾氏之傳, 得其宗, 及曾氏之再傳而復得夫子之孫子思, 則去聖遠而異端起矣. 子思懼夫愈久而愈失其眞也 …… 作爲此書, 以詔後之學者. …… 自是而又再傳, 以得孟氏, 爲能推明是書, 以承先聖之統, 及其沒而遂失其傳焉. …… 程夫子兄弟者出, 得有所考, 以續夫千載不傳之書, 得有所據, 以斥夫二家似是之非, 蓋子思之功, 於是爲大, 而微程夫子, 則亦莫能因其語而得其心也. 惜乎! 其所以爲說者不傳. …… 大義雖明, 而微言未析, 至其門人所自爲說, 則雖頗詳盡而多所發明, 然倍(背)其師說而淫於老佛者, 亦有之矣. 熹自蚤歲, 則嘗受讀而竊疑之, 沈潛反復, 蓋亦有年, 一旦恍然似有得其要領者. 然後乃敢會衆說而折其衷, 旣爲定著章句一篇, 而俟後之君子. …… 雖於道統之傳, 不敢妄議, 然初學之士, 或有取焉, 則亦庶乎行遠升高之一助云爾.

65) 도통론의 전개와 그 확립 과정에 관한 보다 자세한 논의는 다음의 논문을 참고할 것. 김미영, "주희의 불교비판과 공부론 연구"(고려대학교대

을 통하여 유학에 대한 새로운 그림을 제시하고 있는 것이라고 할 수 있다. 또한 주희의 도통 개념의 확립은 북송(960-1126) 이래 계속되어온 유학 내부의 논쟁, 즉 外王과 內聖 중에 어느 쪽에 초점을 둘 것인가 하는 문제[66]에 있어서, 후자가 주류에 서게 되었음을 의미한다. 주희에게 있어서 중요한 것은 다스림의 결과보다는 그 다스림을 내는 원천으로서의 마음의 상태이며, 참된 도를 보아 내려는 마음이 없는 시대는 곧 도의 부재, 즉 도통이 단절된 시대를 의미한다. 물론 주희는 도가 이 세상에 존재하지 않은 적이 한 번도 없다고 본다. 다만 그것이 사람에 의해서 드러나는 까닭에 혹은 이어지고 혹은 끊어져서 도가 밝게 빛나는 시대가 있는가 하면 어둠 속에 감추어져 있는 경우가 있다고 본다.[67] 주희는 도가 어둠에 잠겨 드러나지 않은 전형적인 보기로 한·당 시대를 든다. 1184년 陳亮[68]에게 보낸 여섯 번째 편지를 통하여 이 점을 확인할 수 있다.

학원 박사학위논문, 1998), 7-61쪽.

66) 손영식은 이 두 가지 축을 중심으로 주희 이전의 북송 유학사를 개괄한다. 즉 완전한 제도를 확립함으로써 당대의 문제를 해결할 수 있다고 보는 '제도 개혁론자'와 정치를 담당하는 관료 개인의 인격 확립을 통해서만 이상적인 사회가 담보될 수 있다고 보는 '인격 수양론자'의 논쟁이라는 구도가 바로 그것이다. 이에 관한 보다 자세한 논의는 손영식, "송대 신유학에서의 철학적 쟁점의 연구"(서울대학교대학원 박사학위논문, 1993), 45-104쪽을 참고할 것.

67) 『性理大全』권38, 2441쪽, 「道統」. 朱子曰, 道之在天下者未嘗亡, 惟其託於人者或絶或屬, 故其行於世者有明有晦.

68) 1143-1194년. 字는 同甫. 婺州 永康 사람. 龍川 先生으로 불림. 事功學의 핵심 인물로 주희와 대립각을 이루면서 義利王覇 논쟁을 벌였다. 주희가 그에게 보낸 네 번째 편지에는 주희와 진량의 시각의 차이가 분명하게 드러나 있다. "義와 利는 더불어 행해지는 것(雙行)이고, 王道와 覇權은 竝用된다는 주장을 버리고, …… 순수한 유학의 道로써 스스로를 다스려 가면 어찌 사람의 화근만 면할 뿐이겠습니까?" 『朱熹集』권36, 1589쪽, 「與陳同甫4」.

노형께서는 한고조와 당태종이 한 것이 그 마음을 살펴볼 적에 과연 義에서 나온 것이라고 보십니까? 利에서 나온 것이라고 보십니까? 아니면 사특한 마음에서 우러난 것이라고 보십니까? 한고조의 경우에는 사심의 비중이 그렇게 심한 것은 아닙니다. 그러나 없다고 할 수는 없습니다. 당태종의 마음은 제가 보기에 어느 경우에도 인욕에서 나오지 않은 것이 없는 것으로 여겨집니다. ……

만약에 그 국가를 건립하고 오래도록 대물림한 것으로 문득 '천하의 正道를 얻었다'고 한다면 이는 바로 일의 성패만을 가지고 시비를 논한 것이 됩니다. …… 1500년 동안[69] 바로 이러한 의식 때문에 임시로 새는 구멍이나 막고 땜질이나 하는 식으로 시일을 보낸 것입니다. 그 사이에 비록 조금 나은 경우가 없었던 것은 아니나 堯舜, 三王, 周公, 孔子가 전한 도는 하루도 이 천지 사이에 시행된 적이 없었습니다.[70]

주희는 맹자 이래 끊어진 도통을 이어야 하는 책무가 바로 자신에게 있음을 은근히 자임하면서, 북송의 유학자들 중에서 二程을 필두로 周惇頤[71]와 張載[72]를 도맥의 한 자락에 위치시킨다. 주희가 二程을

---

69) 대체로 맹자에서 주희까지의 시간적 거리가 약 1500년이다.

70) 『朱熹集』권36, 1592쪽, 「陳同甫6」老兄視漢高帝, 唐太宗之所爲, 而察其心果出於義耶? 出於利耶? 出於邪耶? 正耶? 若高帝, 則私意分數猶未甚熾, 然已不可謂之無. 太宗之心, 則吾恐其無一念之不出於人欲也. …… 若以其能建立國家, 傳世久遠, 便謂其得天理之正, 此正是以成敗論是非. …… 千五百年之間, 正坐如此, 所以只是架漏牽補, 過了時日. 其間雖或不無小康, 而堯舜三王周公孔子所傳之道, 未嘗一日得行於天地之間也.

71) 1017-1073년. 原名은 惇實, 字는 茂叔. 道州 營道(현 호남성 道縣) 출신. 州縣의 지방관을 전전하다가 만년에 廬山 아래 濂溪書堂을 짓고 살았기 때문에 사람들이 濂溪 先生이라고 불렀다. 그의 가치를 알아본 二程의 부친 程珦에 의해 이들 형제의 스승이 되었다. 주요 저작으로는 『太極圖說』, 『通書』가 있다. 후에 朱熹가 그의 『太極圖說』에 근거하여 理氣論을 전개하면서 그를 크게 추앙하고 道統에 자리하게 하였다. 中國孔子基金會 編, 『中國儒學百科全書』(北京: 中國大百科全書出版社, 1997), 604-605쪽 참조.

72) 1020-1077년, 字는 子厚, 長安(현 陝西 西安) 출신. 오랫동안 陝西城 橫

94

재해석하면서 특히 주목한 것은 세계에 대한 존재론적 설명에 해당하는 理의 개념이다. 그러나 주희는 理의 지평을 일용일륜의 세계뿐만 아니라 자연 세계를 포함하는 우주 전체로 넓혀낸다. 물론 周惇頤와 張載가 도통 안에 들 수 있었던 것도 이들의 생각이 이기론의 틀을 정교히 하는 데 중요한 계기로 작용할 수 있었기 때문이었다. 결국 주희의 도통 개념의 바탕에는 신유학의 핵심축이라고 할 수 있는 理 개념이 놓여 있는 셈이다.[73]

주희는 1170년 周惇頤의 『太極圖說』을 자신의 이학 사상 체계로 해설한 『太極圖說解』를 완성한다. 주희는 『太極圖』를 周惇頤의 직접적인 저작으로 보고 있으나,[74] 그 연원 및 성격에 관해서는 의견이 분분한 편이다.[75] 그러나 이 글에서는 그 연원이 무엇이며, 이에 대한 周惇頤의 해설이 어떠한 배경하에서 이루어졌는가 하는 것은 그다지 중요하지 않다. 주목해야 할 것은 주희가 『태극도설』의 '無極而太極'을 세계의

渠鎭에서 講學한 관계로 사람들이 橫渠 先生이라고 불렀다. 주요 저작으로는 『易說』, 『正蒙』 등이 있다. 그는 이 우주가 氣로 이루어졌다고 본다. 氣에는 흩어져 희박한 상태와 모여서 뭉쳐진 상태가 있다. 전자는 太虛로 우주의 본체이며, 영원히 이 우주만물을 있게 한다. 후자는 이 太虛가 일시적으로 모여서 어떤 형체를 이룬 것으로 客形이라 칭한다. 이 세계의 모든 사물이 이에 해당하며, 그것은 끊임없이 明滅하는 과정을 반복한다.

그의 이러한 철학적 本旨와는 별개로 『西銘』이 주희에 의해서 신유학의 존재론에 관한 핵심 명제인 理一分殊의 논리적 근거로 해석됨으로써 그는 신유학의 도맥에 자리하게 된다. 中國孔子基金會 編, 『中國儒學百科全書』(北京: 中國大百科全書出版社, 1997), 610-611; 손영식, 앞의 논문, 58-59쪽 참조.

73) 陳榮捷, 표정훈 옮김, 『주자강의』(서울: 푸른 역사, 2001), 188쪽.
74) 『性理大全』권1, 「太極圖」 65쪽. 朱子曰 太極圖者 濂溪先生之所作也.
75) 이에 대한 자세한 논의는 束景南, 『朱子大傳』(福建敎育出版社, 1992), 277-279쪽을 참고할 것.

본질에 관한 가장 절묘한 설명으로 받아들였다는 사실이다. 이제 이 다섯 글자가 주희의 이학 체계 속에서 어떻게 해석되고 있는지 살펴보자.

> ＼ "무극이면서 태극이다(無極而太極)"라는 이 다섯 글자에는 한 자도 보탤 수도 없고 **뺄** 수도 없다. 이 다섯 글자에 담긴 뜻은 태극의 바깥에 따로 무극이 있다는 것이 아니라, '무' 가운데 스스로 이 이치가 있다는 것이다. 다시 말해서 형체가 없어 눈으로 볼 수는 없지만 그 이치는 있다는 것이니, 이른바 태극이라는 것은 음양오행의 이치이지, 그것과 별개로 태극이 존재한다는 것은 아니다. 그 본질적 특성이라는 측면에서 보면 형체를 가진다고 말할 수는 없지만, 존재 양상이라는 측면에서 보면 없다고 말할 수도 없는 것이다. 결론적으로 '無極而太極'은 그 형체는 볼 수 없지만 그 도리는 존재한다는 것을 말해 주고 있는 것이다.[76]

'無極而太極'이 갖는 도교적 색채에도 불구하고 주희가 주돈이의 『태극도설』을 자신의 이기론의 바탕으로 삼은 것은, 그것이 존재 원리로서의 理와 그것의 발현으로서의 氣의 존재 양상에 대한 절묘한 설명을 제공하고 있기 때문이다. 어찌 보면, 주희의 이러한 시도는 자칫 유학의 정체성 자체를 흔들 수도 있는 하나의 해석학적 모험에 가까운 것이었는지도 모른다. 그가 이 문제에 관하여 陸九韶,[77] 陸九淵[78] 형제로부

---

76) 『性理大全』권1, 「太極圖」 70쪽. 無極而太極, 此五字添減一字不得. 無極而太極, 不是太極之外別有無極, 無中自有此理. 無極而太極, 只是說無形而有理, 所謂太極者, 只二氣五行之理, 非別有物爲太極也. 以理言之, 則不可謂之有. 以物言之, 則不可謂之無. 無極而太極, 正謂無此形狀而有此道理耳.

77) 字는 子美. 호는 사산(梭山)이다. 육구연(象山)의 형이다. 주희가 무극을 들어 태극을 설명하는 것에 강하게 이의를 제기하였다. 주희는 이에 대하여 "무극을 내세워 말하지 않으면 태극의 성격이 한 단위의 물건과 같아서 萬化의 근본이 되지 못하고, 태극을 말하지 않으면 무극이 空寂한 세계로 떨어져서 萬化의 근본이 될 수 없음을 모르는 소치"라고 반

96

터 논박을 당하는 것은 그 전형적인 보기이다. 육구연은 주희에게 편지를 보내, "極이란 中과 같다. 무극이라면 中이 없다는 것이니, 어찌 무극이라는 글자를 태극 위에 붙이는 것이 마땅하다고 할 수 있겠는가? 무극 두 글자는 『노자』에 나오는 것으로 성인의 글에는 없다"라고 문제를 제기한다. 이에 대하여 주희는 일단 極의 뜻을 中으로 새기는 것은 잘못된 것이며, 中은 極의 존재양상을 나타낼 뿐 '極' 자체를 가리키는 것은 아니라고 하면서 다음과 같이 자신의 의견을 적극적으로 편다.

> 대전(易大傳)에서, "형이상을 일러 도라 한다." 하였고, 또 "한 번 음이 되고 한 번 양이 되는 것을 도라고 한다."는 언급이 있기는 합니다만 그것이 어찌 참으로 음양 그 자체를 가리켜 '형이상'이라고 한 것이겠습니까? 이는 바로 음양 그 자체는 비록 形器에 속한다고 하더라도, 그 한 번 음이 되고 한 번 양이 되게 하는 것은 도의 실체가 그렇게 하는 것입니다. 그래서 道體의 지극함을 말할 때에는 '태극'이라 하고, 그 태극의 작용 양상을 말할 때는 도라고 하는 것이니, 비록 달리 부르는 두 가지 측면이 있기는 하지만 본래 그 본질이 서로 다른 것은 아닙니다.
> 周子가 태극을 일러 무극이라고 한 것은 그것이 정해진 장소도 없고 형상도 없으며, 사물이 있기 전은 물론, 사물이 있은 후에도 존재하지 않은 적이 없기 때문이며, 또한 그 본질상에서 보면 음양을 넘어서서 존재하면서도, 실제상으로는 음양과 동떨어진 적이 없어서 전체에 두루 관통하여 존재하지 않는 곳이 없기 때문입니다. 따라서 태극은 그 본질상 소리나 냄새, 형체 따위로 말할 수 있는 것이 아닙니다.[79]

박을 하고 있다. 『朱熹集』권36, 1566쪽, 「答陸子美」.
78) 1139-1193년, 字는 子靜, 象山에 거처하면서 제자들을 가르쳤다. 주희의 학문적 논적으로서 일반적으로 주희의 이학에 대하여 그의 학문을 心學으로 지칭한다. 주희와 육구연은 1187년 초겨울부터 '無極而太極'에 관한 논쟁을 벌인다.
79) 이 편지는 1188년에 작성된 것으로 주희와 육구연 사이에 이루어진 태

주희에 의하면, 태극은 우주만물의 존재 원리로서의 理 자체에 해당한다. 그러기에 그것은 끊임없이 천지만물을 생성해 내는 무한한 생명력의 원천인 동시에, 천지만물이 운행되는 현실 속에도 늘 함께한다. 따라서 우리는 무한한 생명력을 가진 태극이 뿜어내는 음양의 조화, 다시 말해서 태극을 품고 있는 현실의 다양한 양상 속에서 태극의 실체를 조금씩 보아낼 수가 있다. 주희는 理와 그것이 구체화되는 다양한 양상으로서의 氣의 관계를 묻는 제자의 질문에 대하여 伊川의 '理一分殊'를 들어, "천지만물을 모두 합하여 말한다면 단지 하나의 理일 뿐이지만, 사람의 경우를 말한다면 저마다 스스로 하나의 理를 간직하고 있다"라고 대답한다.[80] 주희는 이것을 다음과 같이 표현한다.

무릇 이 세상에는 性이 없는 物은 없나니, 性이 없을 수 없다는 것은 무극과 음양오행이 어우러져서 조금의 어그러짐도 허용하지 않는 것이니, 이것을 일러 妙合이라고 하는 것이다. ……

남녀라는 측면에서 보면, 남녀는 각기 하나의 性이 되니, 모두 하나의 태극을 가지고 있는 셈이다. 마찬가지로 만물도 각기 하나의 性을 가지고 있으니 역시 하나의 태극을 품고 있다고 할 수 있다. 합해서 말하면 만물 전체가 하나의 태극이고, 나누어서 말하면 하나의 사물마다 각각 하나의 태극을 갖추고 있다고 할 수 있다.[81]

극논변의 핵심적인 편지에 해당한다. 『朱熹集』권36, 1575 - 1576쪽, 「答陸子靜4」. 至於大傳旣曰, "形而上者謂之道"矣, 而又曰, "一陰一陽之謂道", 此豈眞以陰陽爲形而上者哉? 正所以見一陰一陽雖屬形器, 然其所以一陰而一陽者, 是乃道體之所爲也. 故語道體之至極, 則謂之太極, 語太極之流行, 則謂之道. 雖有二名, 初無兩體. 周子所以謂之無極, 正以其無方所, 無形狀, 以爲在無物之前, 而未嘗不立於有物之後, 以爲在陰陽之外, 而未嘗不行乎陰陽之中, 以爲通貫全體, 無乎不在, 則又初無聲臭影響之可言也.

80) 『朱子語類一』권1, 理氣上. 問理與氣. 曰, 伊川說得好, '理一分殊', 合天地萬物而言, 只是一箇理. 及在人, 則又各自有一箇理.

81) 『性理大全』권1, 「太極圖」 129 - 130쪽. 夫天下無性外之物, 而性無不在, 此

주희는 우주 전체의 존재 원리로서의 태극 내지 理와 그것이 구현된 다양한 양상을 설명하기 위하여 伊川의 '理一分殊' 개념을 끌어들였다. 理一은 만물의 근원으로서의 태극을 지칭하며, 동시에 이 세상 모든 사물들이 하나하나 가지고 있는 태극의 원천이기도 하다. 分殊는 하나의 태극이 事事物物에 구현되어 있는 다양한 양상을 지칭한다. 태극과 음양오행의 氣가 조금의 어그러짐도 없이 완벽하게 어우러져서 (混融) 하나의 物을 낳고 거기에 理가 품수되니, 이것이 이른바 性이다. 주희는 하나의 物마다 각기 하나의 性이 부여되어 만물이 창조되는 현상을 '妙合'이라는 말로 표현하고 있는바, 이는 理一과 分殊의 관계를 읽어 내는 데 있어서 소홀히 할 수 없는 부분이다.

사실 伊川이 말한 이일분수는 처음에는 윤리적 차원에서 제시되었다는 점에서 '같음(동일성)'보다는 '다름(차별성)'의 코드로 읽힐 가능성이 많다. 그것은 자연 세계보다는, 서로가 하나의 관계망을 이루고 있는 인륜 세계의 다양한 질서와 그것을 정당화시키는 것과 관련된 개념이라고 할 수 있다. 程子는 "訂頑[82)]에 나와 있는 말들은 지극히 완전하여 도무지 흠잡을 데가 없다. 진한 이래 어떠한 학자도 이에 이르지 못했다. 訂頑 한 편에는 뜻이 극히 완비되어 있으니, 仁의 體段을 보여주고 있다.[83)]"라고 극찬하면서 張載의 『西銘』을 이일분수를 보여주는 전형적인 저작으로 간주한다. 伊川이 『서명』에 주목한 이유는 보편적인 도덕률로서의 仁과 그것에 의해 빚어지는 차등적 질서를

無極二五所以混融而無間者也, 所謂妙合者也 …… 自男女而觀之, 則男女各一其性, 而男女一太極也. 自萬物而觀之, 則萬物各一其性, 而萬物一太極也. 蓋合而言之, 萬物統體一太極也. 分而言之, 一物各具一太極也.

82) '訂頑'은 어리석음을 바로잡는다는 뜻으로 西銘의 처음 이름이었다. 伊川이 '西銘'으로 고쳤다.

83) 『性理大全』권4, 358쪽, 「西銘總論」 程子曰 訂頑之言 極純無雜, 秦漢以來 學者所未到. 訂頑一篇, 意極完備, 乃仁之體.

정당화하는 데 적합했기 때문일 것이다.

그러나 주희에 이르면, 이일분수는 관계적 차원을 넘어서서 존재론적 차원의 언명으로 자리 잡게 된다. 하나의 보편적인 존재 원리로서의 理一은 자연 세계를 포함하는 일상 속에 그대로 내려앉아 다양한 모습을 띠게 된다. 그러나 여전히 개개의 사물들은 본원으로서의 理를 품고 있는데, 이것이 이른바 性이다. 주희의 이일분수는 바로 이 性을 '다름'의 코드가 아닌 '같음'의 코드에서 읽을 것을 주장한다. 이 세상 모든 사물들이 저마다 하나의 理, 즉 하나의 태극을 가지고 있다는 주희의 언명이 바로 이것이다. 이것은 태극이 쪼개어 나뉘어져 사물에 존재한다는 말이 아니라, 사물 가운데에 온전한 형태로 내려앉아 다양한 양상으로 발현된다는 것을 의미한다. 주희는 태극이 事事物物에 내려앉는 과정을 妙合이라는 말로 설명하고 있다. 그는 다음과 같이 비유를 들어 理一과 分殊의 관계를 설명하고 있다.

> 근본은 다만 하나의 태극이고 만물에는 각기 그 품부받은 것이 있으니, 각기 하나의 태극을 온전히 갖추고 있을 뿐이다. 마치 하늘에 있는 달은 하나일 뿐이지만, 강과 호수에 흩어져서 이곳저곳에서 보이는 것과 같으니, 그렇다고 달이 나뉘어졌다고 할 수는 없는 것이다.[84]

태극이 각각의 사물에 쪼개어 나뉘어져 존재하는 것이 아니라 저마다 온전히 하나의 태극을 품고 있다는 것은, 만물이 각기 자기 안에 태극을 온전히 드러낼 수 있는 가능성을 가지고 있다는 것을 의미한다. 즉 理一과 分殊는 전체와 부분의 관계가 아니라 본래적 동질성으로 묶여 있어서, 그 본원상에서 보면 아무런 차이가 없다고 할 수 있

---

84) 『朱子語類六』, 권94, 理性命. 本只是一太極, 而萬物各有稟受, 又自各全具一太極爾. 如月在天, 只一而已, 及散在江湖, 則隨處而見, 不可謂月已分也.

다. 그러나 구체적인 양상 하나하나에서 보면 차이가 없을 수 없으니, 여기에 바로 공부의 입각처가 있다고 할 수 있다. 우리가 발을 딛고 서 있는 세계는 항상 태극의 그늘 아래 있기는 하지만, 그것이 작용하는 구체적 양상 속에서 그 실체를 보아 내는 것은 쉬운 일이 아니다. 왜냐하면 태극을 담는 그릇으로서의 현실 세계에는 태극의 온전한 발현을 막는 수많은 장애물들이 있기 때문이다.

나. 이기론의 구조

존재의 차원에서 보면, 氣는 理를 담고 있는 그릇이지만, 사실의 세계에서 보면, 그것은 理의 온전한 드러남을 가리고 있는 은폐자에 해당한다. 우주만물은 그 존재 근거로 理를 필요로 한다는 면에서, 理는 氣에 논리적으로 先在한다고 할 수 있다. 그러나 理氣가 어우러져 하나의 物이 된다는 사실의 측면에서 본다면, 시간적 선후 자체를 따지는 것은 불가능하다. 이것을 주희는 다음과 같이 말하고 있다.

> 요컨대 먼저 理가 있다. 오늘은 理가 있고 내일은 氣가 있다는 식으로 말할 수는 없지만, 반드시 앞과 뒤는 있다.[85] 그러나 理 또한 따로 존재하는 것이 아니라 氣 속에 간직되어 있다. 氣가 없다면 理도 역시 실려 있을 곳이 없다.[86]

이 세상에는 理 없는 氣도 없고, 氣 없는 理도 없다.[87] 理는 氣의

---

85) 『朱子語類一』권1, 理氣上. 要之, 也先有理. 只不可說是今日有是理, 明日却有是氣, 也須有先後.
86) 『朱子語類一』권1, 理氣上. 然理又非別爲一物, 則存乎是氣之中. 無是氣, 則是理亦無掛搭處.
87) 『朱子語類一』권1, 理氣上. 天下未有無理之氣, 亦未有無氣之理.

존재 근거로서 작용하고, 氣는 理의 의지처가 되어 理를 실어 준다. 理는 氣를 통하지 않고는 그 모습을 드러낼 수 없다. 따라서 理는 그 자체로서 아무것도 할 수 없지만, 氣는 모이고 뭉쳐서 형상을 가질 수 있다. 현실 세계에서 氣는 적극적으로 작용할 수 있지만 理는 氣에 국한될 수밖에 없다.

그러나 理氣의 작용 양상을 생각해 보건대 氣가 理에 의지해서 운행하는 듯하다. 氣가 모이면 理 역시 거기에 있게 된다. 무릇 氣는 凝結되고 造作될 수 있지만, 理는 도리어 아무런 情感이나 思慮도 없고, 造作함도 없다. 단지 氣가 모여 있는 곳이면 理가 그 속에 있을 뿐이다.[88]

따라서 氣는 비록 理가 만든 것이지만, 이미 생겨난 뒤에는 理도 氣의 작용을 어쩌지 못한다. 理는 氣에 붙어 있고, 일상 속의 움직임이 다 氣에서 연유하니, 氣는 강하고 理는 약할 뿐인 것이다.[89] 일단 理가 氣에 실려 하나의 性을 이루게 되면, 그것은 氣에 국한되지 않을 수 없다. 기질은 음양이라고 하는 두 가지 계기가 다양한 양상 속에서 작용하여 만들어지기 때문에, 때로는 두텁기도 하고 얇기도 하며, 통하기도 하고 막혀 있기도 하여, 현실에서는 항상 純善할 수가 없다.[90] 이것이 성인께서 가르침을 세운 이유, 즉 공부의 출발점이 된다. 여전히 性은 그 근본에서 보면 선하다고 할 수 있지만(性即理), 그것을 품

---

88) 『朱子語類一』권1, 理氣上. 然以意度之, 則疑此氣是依傍這理行. 及此氣之聚, 則理亦在焉. 蓋氣則能凝結造作, 理却無情意, 無計度, 無造作. 只此氣凝聚處, 理便在氣中.

89) 『朱子語類一』권4, 性理一. 氣雖是理之所生, 然既生出, 則理管他不得. 如這理寓於氣了, 日用間運用都由這箇氣, 只是氣強理弱.

90) 『朱子語類一』권4, 性理一. 氣稟所拘, 只通得一路, 極多樣. 或厚於此而薄於彼, 或通於彼而塞於此.

고 있는 우리의 마음은 氣의 작용에서 전적으로 자유로울 수가 없다. 주희는 바로 이단의 맹점이 性의 본래적인 측면(體段)에만 주목한 나머지 기질의 치우침을 생각하지 못한 데에 있다고 지적한다. 그들은 性을 제멋대로 규정하여 기질과 정욕의 치우침이 있을 수 있다는 사실을 도외시하고, "마음은 지극한 이치가 아님이 없다(心卽理)"라고 떠들어댐으로써 공부의 본령을 보지 못한 채, 높고 먼 곳만을 바라보는 헛된 공부에 빠져들고 있다는 것이다.[91] 주희는 우리가 性을 볼 때는 가능성과 한계라는 두 가지 측면을 고려해야 한다고 말하면서, 이 점을 다음과 같이 표현하고 있다.

> 맹자는 본성이 선하다고 말했는데, 그는 단지 커다란 근본만을 보았을 뿐이며, 아직 기질지성 등의 세부적인 것은 말하지 못했다. 程子는 "性을 논하면서 氣를 논하지 않으면 두루 갖추어지지 못하고, 氣를 논하면서 性을 논하지 않으면 분명하지 않으니, 그것을 두 가지로 여겨도 옳지 않다"고 하였다. 맹자는 性만 논하고 氣를 논하지 않았으니 완전하지 못하였다. 性을 논하면서 氣를 논하지 않으면 性에 대한 설명이 완전하지 못하며, 氣를 논하면서 性을 논하지 않으면 性의 본령에 투철하지 못한 것이다.[92]

결국 태극으로서의 理는 이 세상 우주만물의 존재 근거이기는 하나, 그것이 氣에 실리는 순간 그것에 얽매이지 않을 수 없게 된다. 氣의

---

91) 『朱熹集』권52, 2577쪽, 「答吳伯豐11」 異端之學以性自私, 固爲大病, 然又不察氣質情欲之偏而率意妄行, 便謂無非至理, 此尤害事. 近世儒者之論亦有近似之者, 不可不察也. 故所見愈高, 則所發愈暴.

92) 『朱子語類一』권4, 性理一. 孟子說性善, 他只見得大本處, 未說得氣質之性細碎處. 程子謂"論性不論氣, 不備. 論氣不論性, 不明. 二之則不是." 孟子只論性, 不論氣, 便不全備. 論性不論氣, 這性說不盡. 論氣不論性, 性之本領處又不透徹.

모이고 흩어짐은 단순히 음양이라고 하는 두 가지 계기만이 아니라 그것들이 자리한 시간적·공간적 상황들이 서로 뒤섞여서 수없이 변화하기 때문에 온전한 기질이란 있을 수 없게 된다.[93] 이러한 까닭에 우리의 마음은 밝고 어두운 차이가 있고, 性 또한 온전하고 온전하지 못한 차이가 있다.[94] 따라서 氣의 작용은 어떤 외부적인 힘의 개입도 요청되지 않는 스스로 그러한 세계(自然)의 몫이다. 우리의 역할은 어떻게 하면 치우치고 막힌 기질을 걷어 내고, 본래적인 밝음을 지닌 性의 온전한 모습을 드러낼 것인가 하는 것이다.

3. 격물치지론 : 나와 세계의 조응

사람의 기질은 性이 품수되는 순간 이미 정해지게 되니, 美惡, 貴賤, 夭壽가 바로 그것이다. 하지만 기질의 한계는 배움을 통해서 변화시킬 수 있다. 그러나 요즈음 사람들은 대부분 기질에 휘둘리어 좀처럼 현자의 경지에 이르지 못하는데, 그것은 배움이 미치지 못하기 때문이다. 배움에 힘써서 크게 나아가게 되면 스스로 기질을 변화시킬 수 있다. 만약 배움에 의해서 기질을 변화시키려는 노력을 하지 않는다면, 끝내 기질에 가려 있는 性의 본래적인 모습을 밝게 드러낼 수 없어 오묘한 성인의 경지에 들어갈 수 없다. 그러므로 배우는 자들은 반드시 기질을 변화시키는 데에 일차적인 노력을 기울여야 한다. 기질을 변화시키는 것과 마음의 때를 닦는 것은 서로 동전의 양면과 같다.[95]

---

93) 『朱子語類一』권4, 性理一. 若只是兩箇單底陰陽, 則無不齊. 然是他那物事錯揉萬變, 所以不能得他恰好.
94) 『朱熹集』권58, 2962쪽, 「答徐子融3」 但人物所稟形氣不同, 故其心有明暗之殊, 而性有全不全之異耳.
95) 『性理大全』권43, 2738－2739쪽, 總論爲學之方, 人之氣質美惡, 與貴賤夭壽之理, 皆是所受定分. 如氣質惡者, 學則能移. 今人所以多爲氣所使, 而不得

공부의 주체는 마음이다. 마음은 존재 원리인 理, 즉 온전한 性을 품고 있다는 점에서 신령스러운 능력을 가지고 있지만, 그것 역시 氣에 속하는 까닭에 氣의 작용에 따른 폐해가 없을 수 없다. 따라서 공부에서도 본래의 신령스러움을 지켜 내려는 노력과, 그것을 가리고 있는 기질의 폐해를 걷어 내려는 노력이 동시에 이루어져야 한다. 특히 우리가 발을 딛고 서 있는 일상의 세계는 여러 현실적인 마음들이 서로 실타래처럼 엉켜서 작용하는 까닭에 그 속에서 마땅함(所當然之則)을 보아 내기는 쉽지 않다. 반면에 자연 세계는 인간의 작위를 넘어서서 존재하기 때문에 天理가 온전히 흘러 어긋남이 없는[96] 늘 그러한 세계이다. 따라서 주희의 공부론도 두 가지 측면에서 진행된다. 밖으로는 인간 및 자연 세계를 포함한 세계 전체에 흐르는 天理의 혼연함(所以然之故)을 보아 내려는 노력과, 그것을 안으로 수렴해 냄으로써 항상 마음의 바름을 잃지 않게 하여 人事의 바름(所當然之則)을 얻으려는 노력이 그것이다. 주희는 이 두 가지 공부가 마음 안에서 항상 교호작용을 하기에 서로를 상승시킨다고 믿었다.[97]

격물치지론은 마음이 그 본래적 온전함에도 불구하고 받은 바 기질의 치우침에서 자유로울 수 없다는 사실에서 출발한다.[98] 그러나 인

爲賢者, 蓋爲不知學. 爲學大益, 在自能變化氣質. 不爾卒無所發明, 不得見聖人之奧. 故學者先須變化氣質, 變化氣質與虛心相表裏.

96) 최진덕, "주자의 中和新說과 敬의 공부론", 철학연구회, 『철학연구』, 제51집, 2000. 겨울, 24쪽.

97) 『朱子語類一』권9, 學三. 論知行. 知行相須, 如目無足不行, 足無目不見.

98) 주희는 이것을 다음과 같이 설명한다. "사람이 품부받은 기질이 모두 천지의 올바른 기운이더라도, 역시 끝없이 뒤섞이면서 어둡거나 밝고, 두텁거나 얇은 차이가 있게 된다. 생각건대 氣는 형체가 있는 것이어서 때로는 아름답기도 하고 추하기도 한다." 『朱子語類一』권4, 性理一. 人物之性氣質之性. 人所稟之氣, 雖皆是天地之正氣, 但套來套去, 便有昏明厚薄之異. 蓋氣是有形之物. 才是有形之物, 便自有美有惡也.

간은 이러한 기질의 한계에도 불구하고, 天理와의 조응을 통해서 본래
적인 나를 회복할 수 있는 가능성을 지닌 존재이다. 일단 우리가 천리
를 대면하기 위해서는 기질의 치우침에서 기인하는 내 안의 사사로운
욕망들을 다스릴 필요가 있다.[99] 주희는 그 다스림의 과정을 우주 전
체를 꿰뚫고 있는 모종의 '존재 원리'와 나의 만남을 통하여 설명하고
있다. 그러나 그 만남은 자연스럽게 일어나는 것이 아니라 각자의 치
열한 노력을 담보로 한다. 우리는 이러한 노력을 통해서 여러 가지 현
실적인 장애들을 걷어 내고, 본래적인 나의 눈으로 세계의 온전한 모
습을 바라볼 수 있게 된다. 『중용』首章은 이것을 짤막하지만 극적으
로 보여주고 있다.

> 하늘이 천지만물에 부여한 바의 理를 성이라 하고, 우리가 일상 속
> 에서 따라야 할 성의 본래적 특성을 도라 이른다. 교란 이러한 일상
> 속에 숨어있는 도를 드러내려는 노력을 말한다.[100]

주희의 지적대로 우리가 발을 딛고 서 있는 일상적인 삶은 하늘이
부여한바, 性의 자연스러움과 그것의 드러남을 가리고 있는 현실적인
벽이 각기 가닥을 이루어 교묘하게 얽혀 있다. 뒤엉킨 실타래 속에서
하나하나 바른 가닥(道)을 잡아가는 노력들을 敎라고 할 수 있을 것
이다. 우리가 발을 딛고 서 있는 현실, 즉 日用事物之間에 존재하는
합당한 길을 찾아가다 보면, 뒤엉킨 실타래가 풀리듯이 어느 순간 천

---

99) 『朱熹集』권45, 2142쪽, 「答游誠之3」 주희는 현실적인 마음의 불완전성을
　　다음과 같이 말한다. "마음의 體는 본래 靜하되 動하지 않을 수 없습니다.
　　마음의 用은 본래 善하지만, 또한 不善으로 흘러 들어갈 수가 있습니다.
　　생각건대 動하여 불선에 드는 것을 마음 본연의 모습이라고 이를 수는 없
　　지만 그렇다고 그것을 마음이 아니라고 할 수는 없는 것입니다."
100) 『中庸』首章, 天命之謂性. 率性之謂道. 修道之謂敎.

지자연에 흐르는 '이치'가 온전하게 그 모습을 드러내면서 내 안의 이치와 조응하게 된다. 이것이 주희가 격물치지론을 통하여 제시하고 있는 '豁然貫通의 드라마'이다.

이제 주희의 입을 통해서 이를 좀 더 자세히 알아보자. 주희의 말대로 우리네 삶에는 마땅히 따라야 할 이치가 깃들어 있지만, 그것은 자기를 닦아내려는 치열한 노력이 없이는 드러나지 않는다. 그렇다면 우리가 따라야 할 바 性의 자연스러움이란 구체적으로 무엇을 가리키는가? 주희는 세상의 모든 것을 낳는 마음이자, 그것들 각각에 들어맞는 결을 찾아가도록 해 주는 존재를 상정하고, 그 실질에 대해서 다음과 같이 말한다.

> 천하의 모든 것은 지극히 미세한 것이라도 모두 마음을 가지고 있으나, 단지 지각이 없는 것이 있을 뿐이다. 가령 한 포기의 풀과 한 그루의 나무조차도 양의 기운이 있는 곳에서는 생기가 있고, 음의 기운이 있는 곳에서는 수그러들어 있으니, 그것들도 내면에 좋아하고 싫어하는 것을 가지고 있기 때문이다.
>
> 지극히 큰 천지는 수많은 사물들을 만들어 내고, 한순간도 쉬지 않고 운행하고 流通하여 사계절과 밤낮의 변화가 있게 하니, 마치 이렇게 만들어 가는 어떤 것이 있는 것 같다. 천지에는 바로 이러한 마음이 담겨져 있다. 復卦는 그 바탕에 우레와 같은 힘을 숨기고 있는 하나의 양의 기운을 품고 있는데, 이것이 바로 만물을 낳는 마음이다.[101]

주희는 세상의 바탕에 깔려 있는 이 근본적인 힘의 원천을 仁이라고

---

101) 『朱子語類一』권4, 性理一. 人物之性氣質之性. 天下之物, 至微至細者, 亦皆有心, 只是有無知覺處爾. 且如一草一木, 向陽處便生, 向陰處便憔悴, 他有箇好惡在裏. 至大而天地, 生出許多萬物, 運轉流通, 不停一息, 四時晝夜, 恰似有箇物事積踏恁地去. 天地自有箇無心之心. 復卦一陽生於下, 這便是生物之心.

본다.[102] 仁은 만물을 끊임없이 있게 하는 천지의 본래적인 덕성이다.[103] 즉 仁은 천지만물을 살리려는 노력의 원천(生生之理)으로서, 모아서 보면 理의 실질이요, 사물 각각에 나누어진 양상에 초점을 맞추어서 보면 性의 내용이 된다. 따라서 性은 현실 속에 뿌리를 내리고 있는 理의 다양화된 모습이라고 할 수 있겠는데, 주희는 이것을 形而上者로서의 理와 形而下者로서의 氣로 나누어 다음과 같이 설명한다.

> 이른바 理와 氣는 결단코 서로 다른 별개의 사물이라고 하겠습니다. 다만 현실적인 차원에서 보면(物上看), 이들 두 가지가 서로 화학적인 결합(渾淪)을 이루는 까닭에 이를 갈라서 각각 서로 다른 곳에 둘 수가 없지만, 그렇다고 그 본래적 특성의 존재마저 부인할 수는 없는 것입니다. 만약 그 본질을 따져서 가려본다면(理上看), 비록 사물이 있기 전이라고 하더라도 그 사물의 理는 있는 것입니다. 단지 理는 항상 존재하지만 그것이 실체화되어 사물로 존재하지 않는 경우도 있을 수 있습니다.[104]

氣는 理를 담고 있는 그릇[105]인 동시에 理의 본래적 특성을 가로막고 있는 현실적 방해물이기도 하다. 즉 햇빛이 그 받는 물질의 성질에

---

102) 『朱熹集』권38, 1731쪽, 「答江元適3」. 주희는 이 편지에서 다음과 같이 말하고 있다. "天命의 性은 日用의 사이에 늘 드러나 작용하니 한순간도 멈추지 않으며, 모든 物의 體가 되니 그 본래적인 전체적 면모(大端全體)를 곧 仁이라고 이르는 것입니다."

103) 『朱熹集』권67, 3542쪽, 「仁說」 天地以生物爲心者也, 而人物之生, 又各得夫天地之心以爲心者也. 故語心之德, 雖其總攝貫通, 無所不備, 然一言以蔽之, 則曰仁而已矣.

104) 『朱熹集』권46, 2243쪽, 「答劉叔文一」 所謂理與氣, 此決是二物. 但在物上看, 則二物渾淪, 不可分開各在一處, 然不害二物之各爲一物也. 若在理上看, 則雖未有物而已有物之理, 然亦但有其理而已, 未嘗實有是物也.

105) 『朱子語類一』권4, 性理一. 人物之性氣質之性. 天地之性, 若無氣質, 却無安頓處. 且如一勺水, 非有物盛之, 則水無歸着.

따라 다양한 스펙트럼을 보이듯이, 理의 현실적인 모습도 人·物이 받은 바 현실적인 바탕(氣質)에 따라 각기 다르게 그 모습을 드러낸다. 주희는 이것을 다음과 같이 비유적으로 설명한다.

> 理가 氣 가운데에 있는 것은 밝은 구슬이 물속에 있는 것과 같다. 理가 맑은 氣 가운데에 있는 것은 구슬이 맑은 물속에 있어서 투명하게 환히 비치는 것과 같고, 理가 탁한 氣 가운데에 있는 것은 구슬이 탁한 물속에 있어서 밖에서는 전혀 밝은 빛을 볼 수 없는 것과 같다.[106]

격물치지 공부의 본지는 간단히 말하자면, 일상 속에 흐르는 理의 실체를 체인함으로써 본연의 性을 회복하고자 하는 것이다. 그러기 위해서 필요한 것이 현실적인 '나'를 끊임없이 추슬러 가려는 치열한 노력이다. 자신이 지닌 기질의 한계를 극복하려고 끊임없이 노력하지 않는다면 天理의 바른 결에 걸맞는 본래적인 性을 회복하는 것은 요원한 일로 남게 된다. 주희는 未發과 已發에 대한 새로운 해석을 축으로 독자적인 마음 이론을 확립하고, 한 걸음 더 나아가 이기론의 구도를 통하여 세계에 관한 존재론적 설명을 시도했다. 격물치지론은 이러한 학문적 결실을 토대로 확립된 주희의 공부론의 핵심이라고 할 수 있다.

---

106) 『朱子語類一』권4, 性理一. 人物之性氣質之性. 理在氣中, 如一箇明珠在水裏. 理在淸底氣中, 如珠在那淸底水裏面, 透底都明. 理在濁底氣中, 如珠在那濁底水裏面, 外面更不見光明處.

Ⅳ. 격물치지론과 탈근대 교육과정학

> 『詩經』 삼백 편의 모든 가르침은 오직 하나로 모아지니, 마음에서 사악한 생각을 덜어내고자 함이니라.[1]
>
> 이론은 '신심 깊은 작업(prayerful act)'이다. 그러나 지식을 종교적 근본주의자들의 그것처럼 신성한 텍스트로 혹은 조립 공정에서 반드시 거쳐야 하는 단계로 여겨서는 안 된다. 조립 공정이란 그것이 아무리 복합적이고 창의적이라 하더라도 결국 성과를 최우선으로 하는 산업 모델일 뿐이다.[2]

1) 『論語』「爲政」子曰, 詩三百, 一言以蔽之, 曰思無邪.
2) W. F. Pinar, *What is Curriculum Theory?* (N. J.: Lawrence Erlbaum, 2004), p.31.

1. 주희의 문제의식과 공부론

흔히 주희의 학문을 理學이라 하고, 육구연의 학문을 心學이라고 부른다. 좀 더 구체적으로 주희는 묻고 배우는 것에서 말미암는 공부(道問學)를, 육구연은 내면적 덕성을 높이는 공부(尊德性)를 중시했다고 말하기도 한다. 그러나 이와 같은 구분은 주자학과 육학을 가름하는 잣대는 될 수 있을지언정 주자학 자체의 특징으로 자리할 수는 없다고 생각한다. 주자학의 본질을 理學과 心學의 대립 구도에서 파악하는 것은 다분히 주자학의 성격을 왜곡시킬 가능성이 있다. 왜냐하면 주희는 '마음'의 본질을 육구연과는 다른 방식으로 파악하였을 뿐,[1] 공부의 과정에서 '마음' 자체의 중요성을 조금도 과소평가하지 않았기 때문이다. 오히려 주희는 '마음'의 본질에 대한 확고한 신념을 토대로 理氣心性論의 구도를 정립함으로써 자신의 공부론을 완성한다. 주희는 육구연의 학문을 '마음 공부'의 중요성을 자각하고 있다는 점에서, 진량의 事功學이나 여조겸 사후의 婺學과 같은 이단적 조류와 구별하여 보고 있다. 주희의 고민은 '道問學'의 존재 가치를 깨닫지 못한 채, 일상을 떠나 高遠한 곳에 앉아서, 한 번의 깨우침에 의해 마음의 본래적 덕성이 회복될 것이라고 믿는 당대의 풍토에서 싹텄을 것이다. 주희가 보기에 그것은 '왜곡된 尊德性 공부'로서, 마음의 허상을 좇을 뿐 공부의 실질적인 효과를 얻을 수 없는 헛된 노력이다. 일상 속에 깃들어 있는 天理의 흐름을 보아 내려는 도문학의 관심은 존덕성을 향한 바른 길이자, 유일한 길이다. 항평보에게 보낸 네 번째 편지에는 그의 이러한 고민이 잘 나타나 있다.

---

1) 錢穆, 이완재, 백도근 역, 『주자학의 세계』(대구: 이문출판사, 1989), 169쪽.

요즈음 학자들을 보건대 내면에서 돌이켜 구하는 것에만 힘을 쓰
는 자는 밖으로 눈을 돌려 넓게 살피는 것을 도외시하고, 밖으로 눈
을 돌려 넓게 살피는 것에 힘을 쓰는 자는 내면에서 돌이켜 구하는
것을 狹隘한 것으로 여겨, 각기 하나에만 치중함으로써 道術이 나뉘
어 다시 합쳐지지 않게 되었다. 이것이야말로 배우는 자들의 커다란
병통이다.[2]

주희가 항평보에게 이 편지를 보낸 것은 1186년이다. 주희는 1186년
을 전후하여 당대의 공부론에 대해서 전면적인 비판을 시작한다. 이는
유학의 정체성에 대한 절박한 고민의 산물이라고 할 수 있다. 1185년
주희가 유자징[3]에게 보낸 편지는 이 점을 분명하게 보여주고 있다.

최근 몇 년간 우리 道學은 밖으로는 뭇사람들에게 공격을 당하고,
안으로는 우리들 자신에 의해 무너져 내리고 있습니다. 그 단적인 예
로, 婺州만 보더라도 伯恭[4]이 세상을 뜬 후에는 온갖 괴설이 난무하
고 있는 실정입니다.[5]

---

2) 『朱熹集』卷54, 2695-2696쪽, 「答項平父4」. 但近世學者務反求者以博觀爲外
　　馳 務博觀者又以內省爲隘狹 左右佩劍 各主一偏 而道術分裂 不可復合 此學
　　者之大病也.
3) 劉子澄. 子澄은 字, 名은 淸之. 吉州 廬陵人. 劉子澄은 1162-1163년 무렵
　　처음 주희를 만났다. 『宋史』에 "이미 진사였던 유자징은 주희를 만남으로
　　써 대과(博學宏詞科)에 응시할 뜻을 버리고 義理之學에 뜻을 두게 되었
　　다."라고 되어 있다. 方彦壽, 『朱熹書院與門人考』(上海: 華東師範大學出版
　　社, 2000), 47-48쪽.
4) 呂祖謙(1137-1181). 婺州人(현 절강성 금화). 字는 伯恭으로 東來 先生으
　　로 불린다. 주희의 가장 가까운 학문적 동료 중에 한 명으로, 주희와 함께
　　『近思錄』을 편찬하였다. 장식, 주희와 더불어 東南三賢으로 불렸다. 『中國
　　儒學百科全書』(北京: 中國大百科全書出版社, 1997), 665쪽.
5) 『朱熹集』권35, 1552쪽, 「與劉子澄11」 近年道學外面被俗人攻擊, 裏面被吾黨
　　作壞 婺州自伯恭死後, 百怪都出.

주희는 유학의 위기를 안팎 모두에서 오는 것으로 인식하고, 자신의 공부론에 대한 근본적인 반성을 토대로 당시의 학문적 풍토에 대해서 신랄한 비평을 가한다. 그는 1185년과 1186년 여자약[6]과 유자징에게 잇달아 편지를 보내 자신의 공부론에 대한 내적 반성의 결과를 토로하고 있다.

> 이것저것 책을 보는 것이 필요하기는 합니다만, 本源을 함양하여 天理와 人欲이 갈라지는 것을 살피는 것은 일상의 삶 어느 부분, 어느 순간에도 놓아서는 안 되는 일입니다. …… 저 또한 근래에 비로소 지난날 支離함의 병통이 있었다는 것을 실제로 깨닫게 되었습니다. 비록 저 이단의 무리들과는 근본적인 차이가 있기는 합니다만, 나 자신에서 말미암지 않고 단지 外物만 좇고 탐내어 내면 공부에 실패한 것은 마찬가지입니다.[7]
>
> 종전의 공부가 밖으로만 치달아 뿌리가 없는 폐단이 있었다는 최근의 절실한 깨달음을 생각해 볼 때, 이는 나 자신은 물론 남까지 그르친 것이 적지 않았을 것입니다. 이제야 드디어 하나의 실마리를 잡았는데, 제가 생각하기에도 자못 간단하고 명료한 것 같습니다. 그것은 다름이 아니라 문자와 언어를 넘어서서 진실로 따로 마음 쓸 곳이 있음을 알았으니, 이에 관하여 마주보고 이야기할 수 없음이 한스럽습니다.[8]

주희는 '내면 공부', '本源涵養工夫'라는 표현을 사용하여 마음 공부

---

6) 여조겸의 동생이다. 주희는 그의 공부가 잡다한 외면 공부로 흐르는 것을 염려하여, 이를 경계하는 수많은 편지들을 보낸다.

7) 『朱熹集』권47, 2308-2309쪽, 「答呂子約27」 文字雖不可廢, 然涵養本原而察於天理人欲之判, 此是日用動靜之間不可頃刻間斷底事. …… 熹亦近日方實見得向日支離之病, 雖與彼中證候不同, 然其忘己逐物, 貪外虛內之失則一而已.

8) 『朱熹集』권35, 1559쪽, 「與劉子澄14」 近覺向來爲學實有向外浮泛之弊, 不惟自誤, 而誤人亦不少. 方別尋得一頭緒, 似差簡約端的, 始知文字言語之外眞別有用心處, 恨未得面論也.

의 중요성을 역설한다. 外物에 대한 앎 자체만을 강조하는 支離함에 빠지는 것은 공부의 본령을 충분히 자각하고 있지 못하기 때문이다. 공부의 초점은 내 마음의 혼탁함을 걷어 내고 性의 본래적인 모습을 회복하는 데 있다. 그러나 이것은 묵묵히 눈을 감고 앉아서(靜坐閉目) 한 번의 깨달음만으로 이루어질 수도 없고, 일의 성패를 기준으로 그 정당성을 판단하는 활동 따위에 의해서는 더욱 불가능하다. 지나치게 높은 곳만을 바라보면, 단박에 깨우치려는 마음만 앞서게 되어 조급해 진다. 하나하나 일의 공과를 따져보는 것은 '성인 됨'이라는 유학의 본 령 자체를 벗어나, 단지 마음이 外物의 노예(玩物喪志)가 되어 분주하 기만 할 뿐 아무것도 이룰 수 없다. 다음의 편지에는 이에 대한 주희 의 문제의식이 잘 드러나 있다.

> 대체로 요즘 학자들은 지나치게 높은 곳만을 바라보거나 목적의식 없이 잡다한 지식만을 추구하는 폐단이 있습니다. 그리하여 성인의 말 씀을 목전의 실제적인 곳에서 징험하려고 하지 않고, 굳이 스스로 현묘 하고 심원한 설을 세우니, 그것은 다만 복잡하기만 할 뿐 아무짝에도 쓸모가 없어 저나 모두에게 무익한 것입니다. 만약 공부의 요체가 그런 것에 불과하다면 앞선 성현들이 어찌 그것조차 모르셨겠습니까?9)

사실 이상과 같은 문제의식은 주희에게서 처음 비롯된 것이 아니었 다. 공자도 "배우기만 하고 생각하지 않으면 얻음이 없고, 생각하기만 하고 배우지 않으면 위태롭다"10)라고 말함으로써 공부에서 '學'과 '思' 의 조화를 강조하고 있다.『논어』의 또 다른 곳에서 공자는 그 균형의

---

9)『朱熹集』권56, 2816 - 2817쪽,「答趙子欽1」大率近日學者例有好高廣務之病, 將聖人言語不肯就當下著實處看, 須要說教玄妙深遠, 添得支離蔓衍, 未論於 己無益, 且是令人厭聽. 若道理只是如此, 前賢豈不會說?
10)『論語』「爲政」子曰 學而不思則罔 思而不學則殆.

중요성을 다음과 같이 표현하고 있다.

> 본바탕(質)이 외적 배움(文)을 통해서 드러나지 못하면 그대로 묻혀
> 질 뿐이요, 외적 배움이 본바탕에 의하여 걸러지지 못하면 아무 소용이
> 없나니, 이들 양자가 조화를 이루어야 군자가 될 수 있느니라.[11]

'學'과 '思' 내지 '文'과 '質'의 균형 속에서 이상적인 인간상을 찾고자 했던 공자의 本旨를 주희는 충분히 인식하고 있었다. 그러기에 존덕성만을 강조하는 당대의 학문 풍토에 대한 비판을 통하여, 존덕성으로 향하는 유일한 길에 도문학을 위치시킨 것이다. 주희가 항평보에게 보낸 편지에서 짐작할 수 있는 바와 같이, 당대에는 오히려 일상을 떠나서 존덕성 공부가 가능하다고 보는 입장에 의해서 도문학의 존립 근거 자체가 위협받는 형국이었다. 공부의 출발점을 일상에서 찾고자 하는 유학의 본질에 비추어 볼 때, 그러한 풍토는 주희에게 있어서 심각한 문제가 아닐 수 없었다.[12] 격물치지론이 주희의 핵심 사상이라고 한다면, 거기에는 반드시 존덕성과 도문학의 균형 속에서 '성인 됨'의 이상을 실현하려는 주희의 문제의식이 투영되어 있을 것이다. 주희는 일상을 떠나서 주관적 깨달음만을 강조하는 당시의 心學的 경향에 대해서 다음과 같이 비판한다.

---

11) 위의 책, 「雍也」 質勝文則野 文勝質則史 文質彬彬然後君子.
12) 理學과 心學의 균형 회복을 통해서 유학의 본령을 지키려 했던 주희의 노력은 양주, 묵적에 맞서 공자의 도를 이어가려 한 맹자의 노력에 비견될 수 있다. 맹자는 그의 절박한 심정을 다음과 같이 토로하고 있다. "양주와 묵적의 말이 천하를 뒤덮어서 그들의 도가 종식되지 않으면 공자의 도가 드러날 수 없다. 따라서 능히 양주와 묵적을 막을 것을 말하는 자는 공자의 도를 받드는 자라고 할 수 있다"(『孟子』 「滕文公下」 楊朱墨翟之言 盈天下 …… 楊墨之道不息, 孔子之道不著 …… 能言距楊墨者 聖人之徒也).

그러나 어르신의 생각을 곰곰이 살펴보건대, 먼저 깨달은 곳이 있어야 능히 평이한 것에 나아갈 수 있다고 생각하시는 듯합니다. 이것은 선불교의 주장과 비슷합니다. 저로서는 의문이 없을 수 없습니다. 聖門의 가르침은 下學上達로서, 평이한 곳에서부터 강론하고 연구하고 토론하여 그 내용을 잘 음미하기를 오랫동안 하여 점차 얻음이 있게 되면, 날로 그 높고 깊으며 멀고 큰 것을 볼 수 있게 되어 막히지 않게 됩니다. …… 반드시 먼저 깨달은 것이 있은 후에야 평이한 것에 나아갈 수 있다고 한다면 이것은 먼저 上達한 후에 下學을 하려는 것과 같습니다.13)

주희는 일차적으로 '下學處'에서 공부할 것을 강조하고 있다. 하학처는 天理가 깃들어 있으나, 인욕의 사사로움에 의해 그 드러남이 유보되어 있는 일상의 세계를 말한다. 주희에게 있어서 일상 속에 깃들어 있는 天理를 보아 내려는 노력, 즉 '理學的 關心'과 마음의 본래적인 모습을 회복하려는 노력, 즉 '心學的 關心'은 근본적으로 분리될 수 없는 문제이다. 주희는 이것을 유학의 핵심 명제라고 할 수 있는 '下學而上達'에 담아서 이야기를 하고 있다.14)

결국 주희의 문제의식을 피상적인 수준에서 '理學的 關心'에 묶는

---

13) 『朱熹集』권30, 1280쪽, 「答汪尙書」 然竊觀來意, 似以爲先有見處, 乃能造夫平易, 此則又似禪家之說, 熹有所不能無疑也. 聖門之敎, 下學上達, 自平易處講究討論, 積慮潛心, 優柔饜飫, 久而漸有得焉, 則日見其高深遠大而不可窮矣. …… 必先有見, 然後有以造夫平易, 則是欲先上達而後下學.

14) 주희는 '하학상달' 공부의 당위성을 여조겸에게 다음과 같이 요약해서 말한다. "일찍이 명도 선생께서 '배우는 자는 모름지기 하학상달이라는 말을 잘 지켜야 한다.'라고 하셨는데 이는 학문의 요체입니다. 또 이와 같이 공부하여 기본이 조금 견고해지더라도 감히 하학의 지반을 떠나서 상달처를 구할 수는 없는 것입니다. 대저 도리는 평범하고 두루 퍼져 있으니, 지극히 낮고 평이한 곳에, 지극히 높고 오묘한 도리가 존재합니다." 『朱熹集』권35, 1529쪽, 「答呂伯恭別紙」.

것은 그 전체적인 면모를 잘못 파악한 것이며, 『대학』에 대한 독자적 해석이 가지는 의미 자체를 왜곡시킬 가능성도 크다고 하겠다. 격물치지론은 이들 양자의 어느 편에도 서지 않고 그 접점을 모색하려는 노력의 소산이다. 따라서 격물과 치지는 처음부터 그 분리가능성이 존재하지 않는 하나의 일일뿐이다. 양자의 구분은 다만 설명을 위한 논리적 장치일 뿐, 실제로 공부가 '마음' 안팎에서 각기 별개로 이루어져서 산술적으로 더하여지는 것은 아니다. 만약 그렇다면 격물치지론의 핵이라고 할 수 있는 豁然貫通의 논리 자체도 성립하지 않게 된다. 다만 격물은 이치의 측면에서, 치지는 마음의 측면에서 공부의 과정을 설명해 줄 뿐,15) 실제로 공부가 마음 안팎으로 나뉘어져서 이루어진다고 볼 수는 없다.

주희가 수없이 지적하고 있듯이, 격물치지론은 단순히 '세계'를 분절하여 내 앞에 놓고, 거기에서 모종의 기계론적 법칙을 발견하려는 근대적 인식론과는 출발점에서부터 다르다. 따라서 격물치지에는 처음부터 앎과 삶의 분리가능성은 존재하지 않는다. 앎의 과정에는 반드시 현실적인 마음, 즉 개인이 발을 딛고 서 있는 모든 상황에 대한 문제의식이 함께할 수밖에 없기 때문이다. 그러기에 격물치지는 내 밖의 '物'에 다가서려는 단순한 시도(接物) 이상의 것이다. 그것은 일차적으로 자기 안의 문제의식(因其已知之理)을 바탕으로 삼아, 내 밖의 物·事에 다가서려는 시도인 것이다. 격물치지론은 궁극적으로 내 안에서, 존재 원리로서의 '所以然之故'와 일상의 합당함으로써의 '所當然之則'의 合一이 가능하다는 신념을 바탕으로 한다.16)

---

15) 『性理大全』권48, 3032쪽, 學六. 致知格物只是一事. 非是今日格物 明日又致知. 格物以理言 致知以心言.

16) 『大學章句』「格物補傳」必使學者, 即凡天下之物, 莫不因其已知之理而益窮之, 以求至乎其極.

가. 정통과 이단

주희는 이른바 이단에 대한 끊임없는 비판을 통해서 자신의 공부론을 유학의 적자로 자리매김하고자 하였다. 이 과정에서 그는 자기 안의 적은 물론 자기 밖에 있는 여러 적들과 부딪히게 된다. 자기 안의 적과의 싸움은 한마디로 말해서 선불교를 극복하고 유학으로 돌아오는(逃禪歸儒) 과정이었다. 그 과정에서 얻은 전리품은 다름이 아니라 '공부란 일상을 기반으로 이루어져야 한다는 깨달음'이다. 우리가 기질에 가려진 본연의 마음을 회복하여 성인의 길에 들어서기 위해서는 반드시 일상의 삶 속에서 이치를 체인해야 한다. 본연의 마음을 회복하는 것은 선불교식 깨달음에 의해서는 결코 이루어질 수 없다. 마음은 즉각적인 깨달음의 대상이 아니라 공부를 이끌어 가는 주체이다. 마음은 未發과 已發이라는 두 가지 계기를 가지고 있으며, 그에 상응하는 공부가 각각 '함양과 격물치지'이다. 그러나 함양과 격물치지는 마음의 두 가지 계기에 따른 구분으로, 실제 공부가 이루어지는 장면에서는 구분이 불가능한 개념으로 볼 수 있다. 주희는 1185년 진정기에게 보낸 편지에서 자신 안의 적을 이겨낸 감동을 다음과 같이 되돌아보고 있다.

> 저는 나이 14-5세 때부터 일찍이 성인의 학문에 뜻을 두었습니다. 그동안 꾸준히 노력을 하지 않은 것은 아니건만 아직은 깨친 바가 완전하지는 못합니다. 그래서 그 말이 비록 大旨에서는 벗어나지 않았지만 치밀한 사고의 소산이 아니라 넘겨짚은 것들이 많았을 것입니다. 그러나 다행인 것은 안의 공부에서는 空寂함에 빠지지 않았고, 밖의 공부도 功利之說 따위에 마음을 두지 않았습니다. 한 눈 팔지 않고 오직 성학에 마음을 두어 오늘날까지 예전에 배운 것을 끊임없이 되새겨 이로부터 얻은 바가 있었습니다. 이제야 명도 선생께서 자부하신 "나

의 학문은 전수 받은 것이 많기는 하지만 天理 두 글자만은 내 스스로
깨친 것이다."라는 말씀을 가슴으로 느낄 수 있을 것 같습니다.[17]

　주희는 일단 자신과의 싸움에서 승리함으로써 밖의 적들을 향할 수
있는 기반을 마련한다. 1169년 '己丑之悟'를 기반으로 새로운 마음 이론
의 토대를 마련한 주희는 자신의 공부론을 정통의 반열에 올려놓고자
끊임없이 노력한다. 이 과정에서 그는 자신과 대척점에 서 있는 강력한
논적 육구연을 만나게 된다. 朱·陸은 '마음'과 '세계'의 본질 자체를 달
리 규정한다. 따라서 공부론상에서의 그들의 대립은 근본적인 불화에
해당한다. 束景南은 朱·陸의 차이를 다음과 같이 간단하게 요약한다.

　　주희는 일단 心과 理를 둘로 구분하여 본다. 理는 본체이고 心은 인
　식의 주체이다. 반면에 육구연은 心과 理를 하나로 여겨 心을 주체이자
　객체로 본다. 주희는 理가 만물의 원천이며, 心 또한 뭇 이치를 품고 만
　물에 응한다는 전제하에서 일상에 나아가 이치를 궁구할 것을 주장한
　다. 육구연은 心 자체가 만물을 포함하고 있는 것으로 보기 때문에 心
　이 곧 理이며, 心에 의해서 우주가 완성된다고 본다. 따라서 그는 일상
　을 떠나서 스스로의 깨우침에 의해 공부가 완성될 수 있다고 본다.[18]

　주희와 육구연은 근본적으로 서로 다른 세계에 사는 사람들이다.
주희가 사는 세계는 天理가 면면히 흘러서, 만물이 각기 理의 본체를
품고 있는 세상이다. 물론 만물의 하나인 인간도 본체로서의 理를 품
고 있는 까닭에 그가 받은 바 性 역시 본래적으로 선하다. 그러나 그

---

17) 『朱熹集』권54, 2716쪽, 「答陳正己1」熹自年十四五時, 則嘗有志於此. 中間
　　非不用力, 而所見終未端的. 其言雖或誤中, 要是想像臆度. 所幸內無空寂之
　　誘, 外無功利之貪, 全此純愚, 以至今日, 反復舊聞而有得焉. 乃知明道先生
　　所謂"天理二字, 却是自家帖體出來"者眞不妄也.
18) 束景南, 『朱子大傳』(福建敎育出版社, 1992), 337쪽.

것을 품고 있는 그릇으로서의 氣는 음양의 다양한 계기에 의해서 만들어지는 까닭에, 그 받은 바가 각기 다를 수밖에 없다. 따라서 인간은 저마다 현실적인 한계를 지닌 채 존재하게 된다. 결국 마음은 그 본원상에서 보면 선하다고 할 수 있지만, 현실의 장에서 보면 항상 純一할 수는 없다. 주희에 의하면, 공부는 마음을 가리고 있는 기질의 한계를 걷어 냄으로써 性의 본래적인 모습을 드러내려는 활동에 다름이 아니다. 기질의 한계를 극복하기 위해서는 반드시 일상 속에 흐르는 天理와 조응하려는 노력이 필요하다.

반면에 육구연이 생각하는 일상의 세계는 天理가 살아 숨쉬는 존재론적 세계가 아니다. 그곳은 욕망이 물결치는 삶의 장이어서 눈을 부릅뜨고 바로 이끌어가지 않으면 안 된다. 그러나 그것은 그리 어려운 문제는 아니다. 우리의 마음은 이러한 세상을 바로잡을 본래적인 바름과, 그 바름을 행사할 수 있는 능력(良知良能)을 가지고 있다. 따라서 주희가 말하는 것처럼 支離하게 讀書講學을 일삼을 필요 없이, 이 마음의 밝음을 깨치기만(發明本心) 하면 된다.

이렇게 공부론상에서 근본적인 불화를 간직하고 있던 주희와 육구연은 여조겸의 주선에 의해 1175년 5월 말부터 6월 8일까지 약 10일간 鉛山에 있는 鵝湖寺에서 서로 만나게 된다. 이것이 이른바 朱·陸의 '아호지회'이다.[19] 이후 이들은 재차 만나기도 하고,[20] 또 편지로

---

19) 이에 관한 보다 자세한 사항은 박경환, "공부방법론으로서의 존덕성과 도문학: 주희와 육구연의 아호논쟁", 『논쟁으로 보는 중국철학』(서울: 예문서원, 1994), 237 - 262쪽을 참고할 것.
20) 육구연은 1181년 주희의 요청으로 백록동 서원에서 기념강연을 한다. 이때 양자는 다시 각기 학문적 견해를 피력하는데 여전히 서로는 평행선을 달리고 있었다. 주희는 이때의 만남을 여조겸에게 다음과 같이 편지로 알린다. "子靜의 지난날의 견해는 여전합니다. 그의 학문의 병폐는 여차하면 '意見이다, 議論이다, 定本이다'라고 수없이 말한다는 것입니다. 저는

논쟁[21]을 벌이기도 하지만, 출발점에서부터 이들의 대치는 피할 수 없는 것이었다. 아호지회 이후에 주희가 장식에게 보낸 다음의 편지를 보면 朱·陸의 갈라짐이 분명히 드러나 있다.

최근에 伯恭과 서로 만나, 배우는 자 중에 우리의 도를 크게 이을 수 있는 자가 매우 적음을 깊이 한탄하였습니다. 子壽[22] 형제의 기상은 매우 좋습니다만 그 병통은 도리어 강학을 전폐하고 오로지 실천만을 고집하는 데에 있습니다. 더구나 이렇게 실천하는 가운데서 성찰을 통하여 본심의 바름을 깨우쳐 얻을 수 있다고 주장하니, 그 잘못됨은 엄청나다고 하겠습니다. 물론 마음을 잡아서 근실하게 지킴으로써 안팎의 일치를 추구하니, 실로 범인을 뛰어넘는 기상이 있습니다. 안타까운 것은 자기의 설을 고집하는 것이 너무 심하고 안목 또한 지나치게 좁아서 도무지 다른 사람의 장점을 취하려고 하지 않는다는 것입니다. 이것은 끝내 이단으로 빠질 것이 분명한데도 그 자신은 이 점을 깨닫지 못하고 있습니다.[23]

이를 듣고 그에게 '이미 사색을 했으면 意見이 없을 수 없고, 講學에는 議論이 없을 수 없는 것이니, 학문의 규모를 총괄하여 논하면 이 또한 어찌 定本이 없을 수 있겠는가? 다만 사람의 재질과 병통에 따라 약을 쓴다면 定本은 있을 수 없다.'라고 말했습니다. …… 그는 비록 내 말에 '네, 네'라고 대답은 했지만 그 속내까지 알 수는 없는 노릇입니다." 『朱熹集』권34, 1516-1517쪽, 「答呂伯恭45」.

21) 주희와 육구연은 1187년 초겨울부터 '無極而太極'에 관한 해석 문제를 놓고 편지로 논쟁을 벌인다. 그 과정을 말해 주는 핵심적인 내용은 다음의 편지에 실려 있다. 『朱熹集』권36, 1573-1577쪽, 「答陸子靜4」.

22) 子壽는 육구연의 형 陸九齡의 字이다. 아호사에서 동생 육구연과 함께 주희를 만났다.

23) 『朱熹集』권31, 1331쪽, 「答張敬夫18」 頃與伯恭相聚, 亦深歎今日學者可大受者殊少也. 奈何奈何! 子壽兄弟氣象甚好, 其病却是盡廢講學而專務踐履, 却於踐履之中要人提撕省察, 悟得本心, 此爲病之大者. 要其操持謹質, 表裏不二, 實有而過人者. 惜乎其自信太過, 規模窄狹, 不復取人之善, 將流於異學而不自知耳.

주희는 陸學의 맹점이 마음의 본질을 제멋대로 규정하여 기질과 정욕의 치우침을 살피지 않고, 마음은 오로지 지극한 이치가 아님이 없다고 단정해 버리는 데 있다고 지적한다.[24] 그리고 그것은 일상 속에 흐르는 天理를 대면하려는 노력을 통해서 기질의 한계를 극복할 수 있다고 보는 자신의 공부론의 근거 자체를 위협하는 것이라고 생각한다. 그럼에도 불구하고 陸學은 공부의 초점을 '마음'에 둠으로써 다행히 유학의 본령만은 놓치지 않았다고 평가한다.

陸學은 사실 禪學과 유사한 점이 있습니다. 그러나 제가 최근에 심각하게 받아들이는 것은 婺州의 벗들의 움직임입니다. 그들은 전적으로 견문만을 중시하여 자신의 심신상의 공부는 전혀 하지 않고 있습니다. 그래서 저는 항상 배우는 자들에게 비록 陸學이라도 좋은 점은 취하여, 이를 통해서 심신을 차츰 맑고 안정되게 하여, 의리에 대해서 결연히 택할 수 있도록 하라고 권하고 있습니다. 그렇다고 해서 그저 빳빳하게 앉아서 단번에 활연관통하기를 바라라는 것은 아닙니다.[25]

이처럼 주희는 陸學의 장점을 부분적으로 인정하나 여조겸 사후의 婺學이나, 공리만을 숭상하는 事功學에 대해서는 그 존재 가치 자체를 인정하지 않는 단호한 입장을 취한다.[26] 주희는 그들에 대해서 마음

---

24) 『朱熹集』권52, 2577쪽, 「答吳伯豐11」 異端之學以性自私, 固爲大病, 然又不察氣質情欲之偏而率意妄行, 便謂無非至理, 此尤害事.

25) 『朱熹集』권49, 2381-2382쪽, 「答陳膚仲1」 陸學固有似禪處, 然鄙意近覺婺州朋友專事聞見, 而於自己身心全無工夫, 所以每勸學者兼取其善, 要得身心稍稍端靜, 方於義理知所決擇. 非欲其兀然無作, 以冀於一旦豁然大悟也.

26) 이 점은 주희가 吳伯豐에게 보내는 다음과 같은 편지에도 잘 나타나 있다. "지금 세상에 학문을 하는 것이 두 가지 종류에 지나지 않음을 느낍니다. 하나는 간략함만을 좇아 지나치게 높은 곳만을 추구하고, 또 하나는 오직 밖으로 치달리는 데에만 힘써 支離하고 번쇄합니다. 지나치게 높은 곳만을 추구하는 것은 참으로 해가 없는 것은 아니나 오히려 근본에 가깝습니다.

이 存亡하는 단서는 살피지 않은 채, 잡다한 지식만을 추구하여 고금의 흥망성쇠를 치밀하게 논하거나, 다스림의 정당성을 동기나 과정보다는 결과에 둠으로써 성현의 가르침 자체를 폐하는 지경에 이르렀다고 혹평한다.[27] 결국 주희에게 있어서 정통과 이단의 갈림길은 일차적으로 '마음'을 공부의 중심에 놓느냐 그렇지 않느냐에 있다고 할 수 있다. 그러나 주희는 여기에서 한 걸음 더 나아가 '마음 공부의 방법론적 정당성' 자체에 천착한다. '마음 이론'을 형성하기 위한 주희의 사상적 여정, 즉 도겸의 선불교에서 도남학, 호상학을 거쳐 독자적인 '마음 이론'을 확립하기까지의 과정은 바로 '마음 공부의 방법론적 정당성'을 확보하기 위한 노력이라고 할 수 있으며, 격물치지론은 그러한 노력의 결실이라고 할 수 있다.

나. 공부의 두 축 : 涵養과 格物致知

격물치지론에서 마음은 공부의 대상이 아닌 공부의 주체로 자리한다. 그러나 마음은 본래적인 측면에서 보면 모든 이치를 온전히 품고 있지만, 그것이 작용하는 양상에 있어서는 기질의 가림으로 인하여 현실적인 한계를 지닐 수밖에 없다. 따라서 이러한 현실적 한계를 걷어내고 안팎이 서로 만나기 위해서는, 소극적으로는 내 안에 주어진 본연의 性을 해치지 않고 이를 드러내려는 노력이 심신 양면에 걸쳐서 이루어져야 하며, 보다 적극적으로는 일상의 삶 속에서 物·事의 바른 결을 보아 내려는 노력이 필요하다. 주희가 공부의 두 축으로 제시하고 있는 함양과 격물치지는 각각 소극적인 측면에서 본래적 바름을

그러나 외면으로 치달리는 쪽은 궤변으로 진면목을 가리고 있으니, 그 낭패는 언급할 가치도 없습니다." 『朱熹集』권52, 2571쪽, 「答吳伯豊9」.

27) 『朱熹集』권53, 2683쪽, 「答沈叔晦2」; 『朱熹集』권36, 1591쪽, 「答陳東甫6」.

지켜 내려는 공부와 적극적인 측면에서 物·事에 흐르는 理를 대면함
으로써 기질의 가림을 닦아 내려는 공부에 해당한다. 伊川이 말한 "涵
養須用敬 進學則在致知[28]"는 바로 주희의 공부론의 본질을 단적으로
드러내고 있는 말이다.

주희에 의하면, 마음에는 未發과 已發이라는 두 가지 계기가 존재
하며, 따라서 공부 또한 이 두 가지 측면에서 이루어져야 한다. 함양
은 未發時, 다시 말해서 마음이 세계(物·事)와 본격적인 교호작용을
하기 전에 이루어지는 공부이다. 未發의 상태를 항상 '본연의 바름(本
然之性)'으로 수렴하려는 가능성 내지 向性으로 본다면, 이때의 함양
은 '지킴(持守)의 공부'에 해당한다. 인간의 마음은 항상 그것이 실려
있는 '몸(氣質) 내지 몸이 처하고 있는 시·공의 제약'으로부터 자유
로울 수 없기에, 일단은 그것들에 맹목적으로 끌려 다니지 않으려는
소극적인 노력이 필요하다. 已發은 몸이 처하고 있는 안팎의 현실 속
에서 '본연의 바름'을 끊임없이 풀어내려는 마음의 적극적인 작용 양
상(情)에 해당한다. 격물치지는 바로 已發時의 공부에 해당한다. 마음
이 物·事에 應接하여 본격적으로 생각(思慮)이 싹트기 시작하면, 마
음은 천 갈래, 만 갈래로 치달릴 수 있다. 격물치지는 이러한 일상 속
에서 기질의 폐해를 극복하고 본연의 바름을 회복해 가려는 마음의
적극적인 노력이다. 따라서 그것은 '덜어냄'의 공부에 해당한다. 이미
지적한 바와 같이 격물치지는 외적 세계에 대한 기계론적인 분석을
통해서 지식을 생성해 내는 근대적 인식론과는 기본적으로 괘를 달리
한다. 그것은 내 안의 사사로운 욕망을 비워 내려는 자각적 노력에 의
해 나와 天理를 조응케 하고자 하는 활동이다. 따라서 격물치지에는
처음부터 안팎의 분리가 허용되지 않는다.

---

28) 『二程遺書』(上海: 上海古籍出版社, 2000), 권18, 伊川先生語四, 237쪽.

주희에 의하면, '지킴의 공부'는 마음에 주인을 세우는 것이다. 사람의 마음은 만물과 교감하지 않을 수는 없는 것이니, 사려 자체를 없앤다는 것은 부질없는 짓이다. 敬에 의해 마음에 주인을 세우면, 사악한 마음이 생길 수가 없다. 따라서 物·事에 應接하더라도 그것에 의해 사려가 어지러워질 것을 걱정하지 않아도 된다. 마음에 주인 삼는 한 가지가 있으면, 다른 것은 틈입할 여지가 없게 된다. 이른바 敬이란 "하나를 主로 하는 것"을 말하며, 하나란 "다른 데로 감이 없는 것"을 뜻한다.[29] '지킴의 공부'의 요체인 敬은 動靜을 관통하는 까닭에 실제 공부에서 함양과 격물치지는 조금의 벌어짐도 있을 수 없다.

> 대개 하나하나 아는 바가 있지 않으면 함양의 공부에 이를 수가 없고, 깊이 간직하는 바가 있지 않으면 의리의 오묘함을 다할 수가 없습니다. 반드시 각기 서로를 위한 바탕이 되어야만(交相爲用) '두 가지 공부'가 제대로 기능을 발휘할 수 있게 됩니다.[30]

함양과 격물치지는 좀 더 적극적으로 말하자면, 어느 순간에나 서로를 가로지르고 있다고 할 수 있다. 주희는 양자를 항상 함께 있게 하는 근거를 敬에서 찾는다. 그는 敬의 본질을 제대로 알려면 動靜을 관통하여 보아야 한다고 주장한다. 일이 없을 때에는 보존하고 주재하여 게을리 하지 않는 것이 敬이며, 物·事에 응하여 서로 작용하면서

---

29) 『朱熹集』권45, 2181쪽, 「答廖子晦11」 人心不能不交感萬物, 難爲使之不思慮. 若欲免此, 唯是心有主. 如何爲主? 敬而已矣. 有主則虛, 虛謂邪不能入, 無主則實, 實爲物來奪之. 大凡人心不可二用, 用於一事則它事更不能入者, 事爲之主也. 事爲之主, 尙無思慮紛擾之患, 若主於敬, 又焉有此患乎? 所謂敬者, 主一之謂敬. 所謂一者, 無適之謂一.

30) 『朱熹集』권45, 2142쪽, 「答游誠之2」 蓋非稍有所知, 無以致涵養之功. 非深有所存, 無以盡義理之奧. 正當交相爲用而各致其功耳.

도 어지러워지지 않는 것 또한 敬이라고 한다. 그것은 다만 좌선을 통하여 억지로 마음을 붙잡아 두려는 것과는 차원을 달리하는 개념이다.31) 다음의 글을 통해서 敬이 動靜을 관통하는 공부의 핵심임을 다시 한번 확인해 보자.

> 敬이라는 글자는 萬善의 근본으로서 성찰과 함양, 격물과 치지 등 갖가지 공부가 모두 이를 통해서 나와야만 비로소 그 근거할 바가 있다고 하겠습니다. 그런데 평소 강학에서 이를 모른 것은 아니었지만, 지금 드디어 그것이 볼수록 절실하고 분명하다는 것을 깨닫게 되었습니다.32) 대저 성현의 학문이란 처음부터 끝까지 오직 하나의 敬자만 있을 뿐, 致知도 敬을 통해서 이루어 내는 것이요, 力行도 敬을 통하여 행하는 것입니다.33)

이처럼 함양과 격물치지는 서로 다른 차원의 공부가 아니며, 실제 공부의 장면에서 보면 양자는 끊임없이 서로를 넘나들면서 안팎을 조응시키고자 노력한다. 따라서 주희의 공부론은 안과 밖, 다시 말해서 心學 工夫와 理學 工夫의 분리를 허용하지 않으며, 격물치지론은 이러한 생각이 구체화된 주희의 공부론의 실질적인 면모라고 하겠다.34)

양명을 필두로 한 일부의 지적처럼 주희는 격물치지론을 통하여 心과 理를 둘로 쪼개 봄으로써, 결코 인식의 문제와 가치의 문제를 분리

---

31) 『朱熹集』권45, 2161쪽, 「答廖子晦1」 二先生所論敬字, 須該貫動靜看方得. 夫方其無事而存主不懈者, 固敬也, 其應物而酬酢不亂者, 亦敬也. …… 豈必以攝心坐禪而謂之敬哉?
32) 『朱熹集』권50, 2437쪽, 「答潘恭叔8」 敬之一字, 萬善根本, 涵養省察, 格物致知 種種功夫皆從此出, 方有據依. 平時講學非不知此, 今乃覺得愈見親切端的耳.
33) 『朱熹集』권50, 2450, 「答程正思4」 蓋聖賢之學, 徹頭徹尾只是敬一字. 致知者, 以敬而致知也. 力行者, 以敬而行之也.
34) 陳來, 『朱熹哲學硏究』(北京: 中國社會科學出版社, 1988), 207쪽.

시킨 것이 아니다. 그는 오히려 격물치지론을 통하여 이 양자를 합일
시키고자 하였다. 다음의 구절은 주희의 이러한 문제의식을 드러내기
에 충분하다고 하겠다.

> 『대학』을 공부하는 목적을 한마디로 말하자면, 이른바 '溫故而知新'
> 이라는 것이다. 그것은 이미 안팎에 있는 것을 찾아내어, 내 마음 속에
> 풀어내는 것이다. 즉 이미 존재하는 도리를 알아냄에 그치는 것이 아니
> 라, 그로 인하여 내 생각이 점차 자라나 날로 새로워지는 것이다. 어찌
> 마음속에 풀어냄이 없이 그 말한 바, 도리를 보는 데 그침이겠는가?[35]

다. 공부론적 장치 : '小學'에서 '大學'으로

> 옛날에는 어린이가 小學에 입학하면, 다만 事로써 가르쳤다. '禮樂
> 射御書數'와 '孝悌忠信'이 바로 이에 해당한다. 16-7세가 되어 大學에
> 입학한 후에는 이치를 들어 가르쳤다. 격물치지와 효제충신을 행하는
> 근본을 캐묻는 공부가 大學 工夫의 핵심이다.[36]

'行'을 단순히 '손, 발의 문제'에 국한시켜 '知'와 분리시키는 것은 마
음과 몸의 관계를 철저하게 구분하는 이원론적 사유의 산물이다. 성리
학적 사유 속에서 몸과 마음은 서로를 구속하기에, 앎과 행함은 각기
별개의 문제가 아니다. 몸은 마음을 담는 그릇인 까닭에 그 받은 바

---

35) 朱熹, 『大學章句』 讀大學法. 只將大學, 一日去讀一遍 …… 月來日去, 自
    見, 所謂溫故而知新. 須是知新. 日日看得新, 方得, 却不是道理解新, 但自家
    這箇意思長長地新.; 『論語集註』 「爲政」 朱熹註: 溫尋繹也. 故者舊所聞,
    新者今所得. …… 若夫記問之學, 則無得於心而所知有限.
36) 『性理大全』 권43, 2715쪽, 學一, 小學. 朱子曰, 古者初年入小學只是教之以
    事, 如禮樂射御書數, 及孝悌忠信之事. 自十六七入大學然後教之以理, 如致
    知格物, 及所以爲忠信孝悌者.

한계에 의해 마음의 펼쳐짐을 제한한다. 마음은 그것이 가진 본연의 바름을 몸을 통해서 체현하려고 노력함으로써 몸을 규율하고자 한다. 우리는 일상의 삶 속에서 禮를 실천함으로써 끊임없이 이 몸을 수렴하여야 한다.[37] 동시에 우리는 禮의 바탕인 天理의 바른 흐름을 보고자 노력해야 하며, 그것은 우리에게 본래적으로 내려앉아 있는 마음의 밝은 능력(本然之性)을 통해서 가능하다. 禮에 따라 몸을 檢束하는 것이 일상의 삶, 즉 생활 세계에서의 공부라면, 마음의 밝은 능력을 통해 天理를 체인함으로써 禮의 지평을 넓혀 가는 것은 존재 세계에서의 공부이다. 주희는 생활 세계의 공부의 중심에 '小學'을, 존재 세계의 공부의 중심에 '大學'을 위치시킨다.

小學 工夫는 禮의 실천을 통해서 몸을 檢束함으로써 마음의 흐트러짐을 막으려는 공부론적 장치이다. 그것은 아직 物·事에 나아가 그 존재 이유를 따져 묻기 전, 다시 말해서 본격적인 사려에 의해서 문제의식이 싹트기 이전의 공부라는 점에서 함양 공부의 한 축이라고 할 수 있다. 마음의 본래성을 해치지 않으려는 未發時의 함양 공부에 小學을 위치시킨 것은 주희의 공부론적 난제의 하나가 풀리는 순간이다. 이미 검토한 바와 같이, 주희는 마음 자체를 공부의 대상으로 삼아, 寂然不動한 마음의 본체를 곧바로 구할 수 있다고 보는 楊時 문하의 주장(求中說)을 선불교의 공부법과 다름이 없다고 규정하고 이를 신랄하게 비판한다. 그리고 바로 그 자리에 '몸 공부'로서의 '小學'을 위치시킨다. 주희는 小學 工夫의 본질에 대해서 다음과 같이 말한다.

옛사람들은 "어린아이는 남을 속이지 않아야 된다."에서부터 "일상에서 기본적인 예절을 실천하는 것(灑掃應對進退之節)"을 함양 공부

---

37) 『論語集註』「學而」朱熹註: 禮者天理之節文, 人事之儀則也.

로 보았습니다. 이 어찌 이미 벌어진 일에서 그 바름을 찾은(察識端倪) 이후에야 함양 공부를 더하는 것이겠습니까? 다만 이러한 함양 공부에 바탕을 두고 차츰 그 실마리를 보아 나아가면 하나하나 내 안에 들어오게 되고, 일상 속에서 함양의 공이 쌓이면 저절로 무르익게 되는 것입니다.[38]

小學 工夫는 주로 한정된 생활 세계를 중심으로 이루어진다. 따라서 '드러난 禮(經禮)'에 따라 소극적으로 몸을 檢束하는 것만으로도 충분했다. 그러나 점점 생활 세계의 범위가 넓어짐에 따라 禮의 외연(曲禮)이 확대되지 않을 수 없게 된다. 따라서 이제 초점은 삶의 다양한 맥락에서 어떻게 禮의 본질에 벗어나지 않으면서 조화롭게 생활할 것인가에 모아진다.

'和'라고 하는 것은 억지로 하지 않고 자연스럽게 이루어지는 것을 말한다. 禮의 본질은 비록 그 경계선이 분명하지만 모두 자연의 이치에 뿌리를 두고 있다. 따라서 禮의 구체적인 운용은 和, 즉 억지로 하지 않고 자연스럽게 이루어지는 것을 중요하게 생각하는 것이다.[39]

주희는 인륜 세계와 자연 세계가 기본적으로 하나의 존재 원리에 의해서 관통되고 있다고 본다. 大學 工夫, 즉 격물치지는 이 두 세계(物·事)를 관통하는 존재 원리를 대면하려는 적극적인 노력에 해당한다. 그것은 세계에 渾然히 흐르는 天理와 내 안의 본래성을 조응케 함으로써 禮의 지평을 넓혀 가는 활동이라고 할 수 있다.

---

38) 『朱熹集』 권43, 2047쪽, 「答林擇之21」 古人只從幼子常視無誑以上, 灑掃應對進退之間, 便是做涵養底工夫了. 此豈待先識端倪而後加涵養哉? 但從此涵養中漸漸體出這端倪了, 則一一便爲己物. 又只如平常地涵養將去, 自然純熟.

39) 『論語集註』 「學而」 朱熹註: 和者從容不迫之意. 蓋禮之爲體雖嚴, 然皆出於自然之理. 故其爲用, 必從容而不迫, 乃爲可貴.

2. 격물치지론의 구조

가. 주희의 『대학』 읽기 : 「格物補傳」

『禮記』의 한 편에 불과하던 『대학』이 『논어』, 『맹자』와 더불어 四書의 하나로 불리게 된 것은 주희의 노력에 힘입은 바 크다. 주희는 『예기』에 실려 있는 『대학』은 그 순서가 뒤엉키고 빠진 내용도 있어서 이를 새롭게 바로잡을 필요가 있다고 보았다. 그리하여 그는 二程의 앞선 작업을 토대로 자신의 『대학장구』를 선보인다.[40]

먼저 주희는 『대학』의 원문을 經文과 傳文으로 구분하고,[41] 다시 傳文을 10개의 장으로 나누어 그 편차를 조정한다. 이 과정에서 그는 격물치지를 해설한 부분이 유실되었다고 보고, 새로 134자를 첨가하여 傳文의 제5장으로 삼는다. 이것이 이른바 「격물보전」이다.[42] 주희가 「격물보전」을 『대학』의 한 장으로 삼은 것은 『대학』을 읽어 내는 나름대로의 기준이 자신 안에 싹텄음을 의미한다. 주희가 「격물보전」을 『대학』

---

40) 『朱熹集』권81, 4174쪽, 「記大學後」. 今見於戴氏禮書, 而簡編散脫, 傳文頗失其次, 子程子蓋嘗正之. 熹不自揆, 竊因其說復定此本.

41) 주희는 經文과 傳文이 각각 공자와 증자의 말에 해당한다고 보았다. 즉 經文은 공자의 말을 증자가 전한 것이고, 傳文은 증자의 해설을 그 제자들이 기술한 것이라고 보았다. 『大學章句』. 右經一章, 蓋孔子之言, 而曾子述之, 其傳十章, 則曾子之意, 而門人記之也.

42) 주희의 『大學』 編定에 관한 보다 자세한 논의는 다음의 글들을 참고할 것. 이동희, "朱子의 大學章句에 대한 연구", 동양철학연구회 편, 『中國哲學思想論究1』(서울: 여강출판사, 1986), 268 - 276쪽; 김도기, "朝鮮朝 儒學에 있어서 認識理論에 대한 研究: 大學의 格物致知說을 中心으로"(성균관대학교대학원 박사학위논문, 1986), 7 - 8쪽; 홍원식, "程朱學의 居敬窮理說 연구: '知의 行으로 移行'을 중심으로"(고려대학교대학원 박사학위논문, 1991), 65 - 70쪽.

에 삽입한 것은 1174년 무렵이다.[43] 그는 이 해에 강덕공에게 편지를 보내, 자신이 15-6세에 『대학』을 읽기 시작한 이래, 줄곧 격물치지의 본뜻을 제대로 이해하지 못하다가 약 30년이 지나서야 비로소 그 참된 의미를 알게 되었다고 공언한다.[44] 이렇게 볼 때, 주희의 「격물보전」에는 이전까지의 학문적 성과가 온전히 녹아들어가 있음을 짐작할 수 있다. 이 시기에 주희는 이미 마음을 未發과 已發이라고 하는 두 가지 계기에 의해서 규정하는 한편, 만물의 생성 및 존재 원리를 이기론의 구도에서 설명함으로써 공부론의 토대를 구축하고 있었다. 결국 「격물보전」은 '마음과 세계'를 각각 씨줄과 날줄로 삼아 엮은 주희 공부론의 결실이라고 할 수 있다. 그러므로 그것은 『대학』을 구성하는 한 장을 넘어서서, 『대학』 자체를 읽어 내는 '주희의 눈'에 해당하는 셈이다.

「격물보전」을 축으로 『대학』을 해석해 가는 발판을 마련한 이래, 주희는 끊임없이 이에 대한 개정을 계속하여, 1189년(60세)에 『대학장구』에 서문을 붙임으로써 자신의 작업을 일단락 짓고자 한다. 이 시기에 송심지[45]에게 보낸 편지들을 통하여 그 면모를 살펴보도록 하자.

> 『대학』은 성인 됨을 향해 가는 공부에 있어서 최초의 발판이라네.
> 물론 『대학』 공부의 핵심은 격물이라고 할 수 있지. 격물설을 자세히
> 살펴서 이를 바탕으로 일상 속에서 공부를 해 보게. 그렇게 하기를
> 오래하면 자연히 분별력이 생겨 세간의 어떠한 유혹이라도 내 마음을

---

43) 束景南, 『朱子大傳』(福建教育出版社, 1992), 374쪽.
44) 『朱熹集』권44, 2114-2115쪽, 「答江德功2」 蓋自十五六時知讀是書, 而不曉格物之義, 往來於心, 餘三十年. 近世就實用功處求之, 而參以他經傳記, 內外本末反復證驗, 乃知此說之的當, 恐未易以一朝卒然立說破也.
45) 名은 之源, 成都府 双流縣(現 四川) 출신. 그의 부친인 若水와 주희의 인연에 의해 1184년 무렵부터 之源, 之潤, 之汪 삼형제가 모두 주희에게 배웠다. 方彥壽, 『朱熹書院與門人考』(上海: 華東師範大學出版社, 2000), 98쪽.

흔들 수 없다네.[46]

격물치지는 『대학』의 제1의가 되는 것이네. 수기치인의 도가 모두 여기에서 나오니 종신토록 수용해야만 하네. 이것을 어찌 작은 일이라고 할 수 있겠는가? 그대의 편지를 보면, 이에 힘쓰지 않고 그저 가만히 앉아서 저절로 이르기를 기다리고자 하니, 어찌 그다지도 쉽게 말하는가?[47]

그러나 주희는 여전히 『대학』에 대한 개정의 발길을 멈추지 않는다. 1198년 유계장에게 보낸 편지[48]는 여전히 주희가 『대학』의 개정 작업에 매달리고 있음을 보여준다. 심지어 주희는 우리가 성인(上智)이 아닌 다음에야, 한때의 定說에 집착하는 태도는 지독하게 아둔한 사람(下愚)이 아니라면 취할 바가 아니라고 주장함으로써 자신의 개정 작업을 정당화한다.[49] 이러한 그의 태도는 세상을 떠나기 사흘 전인 1200년(71세) 3월에 이루어진 「誠意章」 개정에까지 이어진다. 이때 그는 이미 병이 극심하였으나, 제자들과 더불어 강론하는 것을 밤늦도록 그치지 않았다. 그의 관심사는 여전히 공부의 요체에 관한 것이었다. 그는 말한다.

공부란 하나하나의 일에 나아가 그 시비를 가리는 것이다. 옳은 것은 취하고 그른 것은 과감히 버려야 한다. 그것이 쌓이고 쌓여서 오

---

46) 『朱熹集』권58, 2967－2968쪽, 「答宋深之3」 大學是聖門最初用功處, 格物又是大學最初用功處. 試考其說, 就日用間如此作功夫, 久之意思自別, 見得世間一切利欲好樂皆不足以動心.

47) 『朱熹集』권58, 2969쪽, 「答宋深之5」 格物致知是大學第一義, 修己治人之道無不從此而出, 終身要得受用, 豈是細事! 來喻乃欲不勞而俟其自格, 一何言之易耶!

48) 『朱熹集』권53, 2648쪽, 「答劉季章18」 大學定本修換未畢, 俟得之即寄去.

49) 『朱熹集』續集 권1, 5130쪽, 「答黃直卿16」 大學向所寫者自謂已是定本, 近因與諸人講論, 覺得絜矩一章尙有未細密處. 文字元來直難看. 彼才得一說, 終身不移者, 若非上智, 則是下愚也.

래되면 마음과 이치가 서로 조응하여 합일하는 경지에 이르게 된다. 그렇게 되면 억지로 하지 않아도 그 發하는 바에 사욕이 끼어들어 잘 못되는 경우가 없게 된다.[50]

그러나 주희의 『대학』 해석에 대해서는 찬사 못지않게 비난의 소리 또한 높았다. 주희의 작업에 대한 가장 강력하고 체계적인 비판은 왕 양명에 의해서 제기되었다. 왕양명은 『대학』에 기울인 주희의 노력에 대해서 다음과 같이 평가하면서, 古本大學으로 복귀할 것을 주장한다.

> 내가 『대학』의 고본으로 돌아가는 것은 사람들이 학문을 함에 있어 서 안으로부터 구하는 것이 옳기 때문이다. 그러나 정자와 주자의 격물 설은 필연적으로 밖에서 구할 수밖에 없다. 그러기에 나는 주자가 장을 나눈 것을 없애버리고, 그의 補傳을 삭제했을 뿐, 내 멋대로 그렇게 한 것은 아니다. 배움에 어찌 안팎의 구분이 있겠는가? 孔門의 正典은 오 직 『대학』 고본일 뿐이다. 주자는 고본에 빠지고 잘못된 부분이 있다고 생각하여, 그것을 개정하여 보충하였다. 그러나 내가 보기에는 고본에 는 아무런 잘못이 없다. 그러므로 고본을 따랐을 뿐이다.[51]

왕양명의 비판은 격물치지에 관한 주희의 해석에 모아진다. 그는 二程과 주희의 격물설의 구도 자체를 송두리째 부정한다. 왕양명에게 있어서 세계는 '나의 뜻을 진실되게 하는 것(誠意)'과 하등의 관계가 없는 삶의 장일 뿐, 궁구해야 할 이치가 있는 공부의 장이 아니다. 설

---

50) 王懋竑, 『宋朱子年譜』(臺北: 臺灣商務印書館, 民國71), 226쪽. 曰; 爲學之
　　要, 惟在事事審求其是, 決去其非. 積累久之, 心與理一, 自然所發皆無私曲.
51) 王守仁 撰, 『陽明傳習錄』(上海古籍出版社, 2000), 245쪽, 「答羅整菴少宰
　　書」 某大學古本之復, 以人之爲學但當求之于內, 而程, 朱格物之說不免求之
　　于外, 遂去朱子之分章而削其所補之傳, 非敢然也. 學豈有內外乎? 大學古本
　　乃孔門相傳舊本耳. 朱子疑其有所脫誤, 而改正補緝之. 在某則謂其本無脫誤,
　　悉從其舊而已矣.

사 주희의 주장대로 거기에 이치가 있더라도, 그것을 궁구하는 것 자체는 나의 앎을 지극히 하는 것과 하등의 관계가 없다고 본다. 따라서 주희와 왕양명의 차이는 방법론적 차원에 그치는 것이 아니라, 존재론적 차원에서부터 근본적인 불화를 간직하고 있었다. 왕양명은 주희의 격물설의 본질을 다음과 같이 규정한다.

> 주자는 격물을 "物에 나아가 그 이치를 궁구하는 것"이라고 한다. 그것은 개개의 사물에 나아가 거기에 담긴 이치를 구하는 것을 이른다. 결국 내 마음이 각각의 사물에 있는 이치를 구하는 것이니 心과 理를 둘로 나누어 본 것이다. 만약 이와 같은 논리에 따른다면, 孝의 이치는 그 어버이에서 구해야 마땅하다. 그렇다면 효의 이치가 내 마음에 있는 것인가? 아니면 어버이에게 있는 것인가? 만약 어버이에게 있을진대 어버이가 돌아가시면 내 마음에 孝의 이치는 없어지는가?[52]

왕양명은 모든 것을 마음의 문제로 돌린다. 예컨대 우물에 빠지려는 아이를 보고 측은한 마음이 일어나는 것은 내 마음의 본래적인 선한 능력이 발동한 것이지, 그 어린아이가 그렇게 만든 것은 아니라는 것이다. 왕양명은 세상 모든 일이 바로 이와 같으므로, 주희가 마음과 이치를 둘로 나누어 본 것은 오류라고 결론짓는다. 그는 마음의 현실적인 한계를 철저하게 자각한 주희와는 달리 마음의 밝은 능력에 절대적인 신뢰를 보낸다.

---

52) 위의 책, 213쪽, 「答高東橋書」朱子所謂 '格物'云者, 在卽物而窮其理也. 卽物窮理, 是就事事物物上求其所謂定理者也. 是以吾心而求理于事事物物之中, 析'心'與'理'而爲二矣. 夫求理于事事物物者, 如求孝之理于其親之爲也. 求孝之理于其親, 則孝之理其果在于吾之心也? 抑果在于親之身也? 假而果在于親之身, 則親沒之後, 吾心遂無孝之理歟?

마음은 몸을 주재한다. 마음의 虛靈明覺한 본래적인 능력이 이른바 '良知'이다. 그 虛靈明覺한 良知가 감응하여 움직이는 것을 '意'라고 한다. 知가 있은 후에야 意가 있게 되니, 知 없는 意는 있을 수 없다. 그러니 知를 意의 본체라고 하지 않을 수 있겠는가?

意가 작용하면 반드시 物이 있게 되니 物이 바로 事이다. 예를 들어서 意가 事親에 작용하면 事親이 하나의 物이 되며, 意가 治民, 讀書, 聽訟에 작용하면 그것들이 각기 하나의 物이 된다. 무릇 意가 작용하면 항상 物이 있게 되니, 物을 意의 작용이라고 하지 않을 수 있겠는가?[53]

왕양명에게 있어서 物은 주희가 본 것처럼 이치를 품은 채, 스스로 自在하는 그러한 세계가 아니다. 그것은 마음의 작용인 意가 문제시하는 事態에 다름이 아니다. 그러므로 物은 궁리의 대상이 될 수 없으며, 오직 마음의 虛靈明覺한 능력(良知)에 의해 바로 세워지기를 기다린다. 이러한 맥락에서, 주희의 '有物有則'의 존재론이 왕양명에 있어서는 '有意有物'의 존재론으로 바뀌게 되는 것이다. 주희와 왕양명의 『대학』 해석의 대척점은 여기에 있으며, 이 점에서 그들의 차이를 '존재론적 결별'이라고 부를 수 있을 것이다.

이제 주희의 '格物 → 致知'의 구도는 양명에 이르러서 '致知 → 格物'의 구도로 모습을 달리하게 된다. "『대학』의 格物의 '格'을 왜 '至'로만 새기고 '正'으로 새기지 않는가?"[54]라는 불만은 왕양명의 이러한

---

53) 위의 책, 216쪽, 「答高東橋書」 心者身之主也, 而心之虛靈明覺, 即所謂本然之良知也. 其虛靈明覺之良知, 應感而動者謂之意; 有知而后有意, 無知即無意矣. 知非意之體乎? 意之所用, 必有其物, 物即事也. 如意用于事親, 即事親爲一物; 意用于治民, 即治民爲一物; 意用于讀書, 即讀書爲一物; 意用于聽訟, 即聽訟爲一物; 凡意之所用無有無物者, **有是意即有是 物, 無是意即無是物矣.** 物非意之用乎?

54) 위의 책, 같은 면. 且大學格物之訓, 又安知其不以'正'字爲訓, 而必以'至'字爲義乎?

문제의식의 논리적 귀결이라고 할 수 있다. 이제 그의 입을 통해서 격물치지의 본질을 들어 보자.

> 나는 이른바 치지격물이란 내 마음의 良知를 모든 事物상에서 극진히 이루는 것이다. 내 마음의 良知는 바로 天理이다. 내 마음의 良知, 곧 天理가 각각의 사물에 펼쳐지게 되면 사물이 저마다 그 이치를 얻게 된다. 내 마음의 良知를 지극하게 하는 것이 치지이다. 사물마다 각기 그 이치를 얻게 하는 것은 격물이다. 이렇게 보아야 마음과 이치가 하나 될 수 있다.[55]

주희의 격물치지론에 대한 왕양명의 비판은 자신의 공부론에 기초한 근본적인 비판에 해당한다. 반면에 梁啓超의 다음과 같은 비판은 주희의 해석학적 태도 자체를 문제로 삼는다.

> 주희는 또 『대학』에 자기의 이상과 전적으로 부합되지 않는 것이 있으면 그것은 잘못 끼어든 글이라고 단정하고 임의로 순서를 바꾸어 놓았다. 또한 빠진 것이 있다고 말하면서 스스로 「格致傳」 1장을 지어 보충하기도 하였다. 이것은 실로 학자로서는 있을 수 없는 일이다.[56]

양계초의 비판은 주희의 공부론상의 문제의식 자체를 도외시하고 있다는 점에서 차라리 하나의 희극에 가깝다. 『대학』에 대한 주희의 해석이 지닌 가치는 양계초가 비판하고 있는 바로 그 지점에 있다. 「격물보전」은 주희가 『대학』에 대한 나름대로의 해석을 시도하였다는 명백한

---

55) 위의 책, 213쪽, 「答高東橋書」 若鄙人所謂致知格物者, 致吾心之良知于事事物物也. 吾心之良知, 則所謂天理也. 致吾心良知之天理于事事物物, 則事事物物皆得其理矣. 致吾心之良知者, 致知也. 事事物物皆得其理者, 格物也. 是合心與理而爲一者也.
56) 梁啓超, 이계주 역, 『중국고전학입문』(서울: 형성사, 1995), 77쪽.

증거에 해당한다. 따라서 이 시점에서 다시 한번 다음과 같은 질문을 음미하고자 한다. "과연 주희는 무엇 때문에 『대학』에 대한 독자적인 해석을 시도할 수밖에 없었는가?" 이 문제는 이 글 전체를 통해서 끊임없이 반복된 질문이다. 왜냐하면 격물치지론의 本旨를 제대로 보기 위해서는 반드시 그의 공부론상의 문제의식을 정확하게 파악할 필요가 있기 때문이다.

나. 격물치지의 의미

이른바 격물보전은 『대학』 經文 제1장의 '致知在格物'에 대한 주희의 해석이라고 할 수 있다. 그는 격물치지를 해설한 부분이 유실되었다고 주장하면서, 자신이 程子의 견해를 참고로 하여 다음과 같이 빠진 부분을 보충하였음을 밝히고 있다.

① 이른바 '致知在格物'이라는 것은, 나의 '앎'을 지극히 하고자 하면 事物에 나아가 그 이치를 궁구해야 함을 말한 것이다. 무릇 사람의 마음은 그 신묘한 능력으로 보자면 알아내지 못할 것이 없고, 천하의 事物은 이치가 있지 않음이 없건마는, 다만 이치에 대하여 궁구하지 않음이 있기 때문에 그 '앎'이 온전하게 드러나지 못하는 것이다.

② 그러므로 『대학』의 첫 번째 가르침은, 반드시 배우는 자들로 하여금 모든 천하의 事物에 나아가, 자신이 이미 알고 있는 이치를 바탕으로 점차 깊이 궁구하여, 그 지극한 곳에 이르지 않음이 없도록 하는 것이다.

③ 이와 같이 힘쓰기를 오래하면 어느 순간에 천하의 事物에 대해서 활연관통하게 된다. 그렇게 되면 모든 事物의 겉과 속, 정밀한 것과 거친 것을 하나로 꿰뚫게 되어, 내 마음의 온전한 모습

과 그 크나큰 능력이 드러나지 않음이 없게 되는 것이다. 이것
을 일러 온전한 이치를 깨쳤다고 하는 것이요(物格), 앎이 지극
해졌다 일컫는 것이다(知至).57)

　　격물보전에 나타난 주희의 생각은 크게 세 부분으로 나누어 살펴볼
수 있다. 우선 첫째 부분은, 격물치지론이 '마음'과 '세계'에 관한 주희
의 독특한 가정에 의해 성립하고 있음을 보여준다. 주희에 의하면, 격
물의 대상인 세계는 物과 事로 구분하여 볼 수 있다. 物이 자연 내지
존재 세계를 대변한다면, 事는 일상적인 삶 내지 당위의 세계와 관련
된다. 모든 物과 事는 하나의 이치에 의해 관통되고 있다는 점(有物有
則)에서 보면, 양자는 본질적인 동일성을 지닌다. 그러나 유학이 일상
에 뿌리를 둔 학문임을 고려한다면, 모든 '物'은 '事'의 프리즘 안에 들
어올 수 있다.58) 아마 주희가 '物'과 '事'의 관계를 '物猶事'라고 풀이
한 것은 이러한 이유 때문일 것이다. 그러나 주희는 '事'의 존재 근거
로서의 '物의 세계' 또한 놓칠 수 없었다. 天理를 온전히 擔持하고 있
는 '物의 세계'는 유학이 뿌리를 두고 있는 일상적 세계의 존재 근거
에 해당하기 때문이다. 만약 自在하는 자연 세계의 독자성을 보지 못

---

57) 『大學章句』「傳 5章」所謂致知在格物者, 言欲致吾之知, 在卽物而窮其理
　　也. 皆人心之靈, 莫不有知, 而天下之物, 莫不有理. 惟於理有未窮, 故其知
　　有不盡也. 是以大學始敎, 必使學者, 卽凡天下之物, 莫不因其已知之理而益
　　窮之, 而求至乎其極. 至於用力之久, 而一旦豁然貫通焉, 則衆物之表裏精粗
　　無不到, 而吾心之全體大用無不明矣. 此謂物格, 此謂知之至也.
58) 이러한 시각은 다음과 같은 최봉영의 언급에 잘 나타나 있다. "程朱學派
　　에 이르러 事物은 시간적 속성의 事와 공간적 속성의 物이 통합된 사물
　　＝A(샤*물)로 이해되었다. 그런데 이러한 사물에서 더욱 근본적인 것은
　　관계의 본질이 시간과 더불어 구체화되는 事였다. 그래서 주자는 격물치
　　지에서 物을 事로 해석하였다." 최봉영, 『본과 보기 문화이론』(서울: 지
　　식산업사, 2002), 199쪽.

했다면, 일상적 삶의 세계가 天理에 의해 지탱되고 있다는 주희의 신념은 성립할 수 없었을 것이다.

'物'과 '事'의 근본적인 동일성을 인정하면서도 여전히 양자를 구분하는 것은 격물치지의 본질과 밀접한 관련을 가진다.[59] 흔히 격물치지론을 객관적 이치에 대한 탐구에 그치는 것으로 보는 것은 양자의 미묘한 차이를 간과하는 것이다. 外物에 대한 탐구는 항상 현실적인 마음에 의해서 이루어진다는 점에서, 事의 세계, 다시 말해서 일상적인 삶 속에서 다시 반추되어야 한다. 유학이 존재 세계와 당위 세계를 아우른다는 주장은 여기에 근거를 두고 있다. 이 점과 관련하여 우리는 특히 '致知在格物'이라는 말을 주목할 필요가 있다. 왜 致知와 格物 사이에 '在'를 놓았는가 하는 점이다. 주희의 '格物 → 致知'의 구도와 왕양명의 '致知 → 格物'의 구도의 차별성은 바로 이 '在'에 대한 해석의 차이에서 연유한다. 위에서 지적한 대로 격물이 일상 속에서 형성된 개인의 문제의식에 기반하고 있는 한, 치지는 격물의 과정 자체에 내재되어 있다고 할 수 있다. 따라서 주희의 '格物 → 致知'의 구도는 오히려 '格物 ↔ 致知'의 교호작용 양상으로 봄이 더 적절하다고 하겠다.

격물이 안에서 밖을 바라보는 활동, 즉 세계를 향한 내 마음의 작용이라면, 치지는 밖이 안으로 비쳐들어 선명하게 그 모습을 드러내는 것과 같다. 그러나 격물의 주체인 마음은, 그 본질적 측면에서 보면 事物에 흐르는 이치를 담아낼 수 있는 충분한 능력을 가지고 있지만, 현실적인 제약을 수없이 지니고 있는 까닭에 그 앎은 아직 완전한 것이 아니다. 주희는 마음의 이러한 특성을 거울에 비유하여 설명하고

---

59) 왕양명은 '物則事'라고 하여, 物과 事를 완전히 동일한 것으로 규정하고 격물의 대상을 事로 포괄하여 본다. 그러나 주희는 '物猶事'라고 하여 양자의 근본적인 동일성은 인정하지만, 격물치지론의 전개과정에서 둘의 미묘한 차이를 놓치지 않는다.

있다. 즉 마음은 거울과 같아서 그것을 가리고 있는 먼지를 없애면, 그 본래적 밝음을 회복하여 事物이 오면 능히 비출 수 있다고 말한다.[60] 그러나 당대의 학자들은 이 점을 간과하는 우를 범하고 있다.

　　보내주신 편지에 또 이르기를 "마음은 비어 있지 않은 때가 없다" 고 하셨습니다. 제가 생각하기에도 마음의 본체는 본래 비어 있지 않을 때가 없습니다. 그러나 인욕과 사사로운 생각에 골몰한 지가 오래 되었으니, 어떻게 하루아침에 갑자기 그러한 경지를 얻을 수가 있습니까? 그러므로 성인은 반드시 그 마음을 바르게 하라고 이르셨고, 마음을 바르게 하려면 반드시 먼저 뜻을 정성스럽게 가져야 하고, 뜻을 정성스럽게 하려면 반드시 먼저 앎을 지극히 하라 하셨으니, 힘쓰기를 이와 같이 한 연후에야 마음의 바름을 얻어서 모든 것을 담을 수 있는 본체의 虛靈함을 회복할 수 있을 것이니 이 또한 하루아침에 힘을 써서 될 일이 아닙니다.[61]

　주희가 여기에서 주목한 것은 마음의 현실적인 존재 양상이다. 마음은 그 본질상에서 보면, 그 본연의 바름, 즉 우주 전체의 존재 원리로서의 理를 품고 있는 까닭에, 사욕이 자리할 수가 없어서 모든 사물에 자연스럽게 조응할 수 있다. 그러나 마음 역시 음양의 다양한 계기에 의해서 만들어진 形器에 속하므로 여러 가지 현실적 한계를 지닐 수밖에 없다.

---

60) 『朱熹集』 권49, 2369쪽, 「答王子合12」 心猶鏡也 但無塵垢之蔽 則本體自明 物來能照.

61) 『朱熹集』 권30, 1288쪽, 「答張欽夫2」 來示又謂心無時不虛, 熹以爲心之本體 固無時不虛, 然而人欲己私汨沒久矣, 安得一旦遽見此境界乎? 故聖人必曰 正其心, 而正心必先誠意, 誠意必先致知, 其用力次第如此, 然後可以得心之 正而復其本體之虛, 亦非一日之力矣.

> 明德은 사람이 하늘에서 얻은 바로서, 虛靈하고 어둡지 않아서 모
> 든 이치를 갖추고서 만사에 응하는 것이다. 다만 그 받은 바에 구애
> 되고 인욕에 가려지면 때로 어두울 적이 있으나, 그 본체의 밝음은
> 항상 쉬지 않는다.[62]

따라서 우리에게는 일상 속에서 마음의 현실적 한계를 극복하려는 꾸준한 노력이 필요하다. 주희의 격물치지론은 이러한 구도 속에서 태동되었다고 할 수 있다. 마음이 현실적으로 완전함을 담보받지 못하는 한, 세계도 우리에게 불완전한 것으로 남겨진다. 주희의 격물치지론은 이러한 자각을 바탕으로 성립된 것이다.

두 번째 부분에서, 주희는 격물치지의 개념적 요소 내지 단계에 대해서 설명한다. 격물치지의 첫 번째 단계는 事·物상에 나아가는 것이다(卽物). 문제 삼고자 하는 대상이 없으면 격물은 성립하지 않는다. 따라서 事·物에 다가서려는 노력이 선결되어야 하는 것이다. 事와 物은 그것의 존재 근거로서의 이치를 擔持하고 있다. 격물치지의 두 번째 단계는 바로 事·物에 흐르는 이치를 대면하고자 하는 노력이다(窮理). 그러나 이러한 노력은 마음의 현재적 상태에 의존한다. 격물치지의 세 번째 단계에서는 일상적인 삶을 통하여 개인 자신이 형성한 문제의식을 바탕으로 事·物의 이치를 자기 안에서 온전히 풀어낼 것이 요구된다(至極). 이것이 이른바 참된 앎에 이르고자 하는 노력이다. 치지는 事·物의 이치를 철두철미하게 꿰뚫어 보아서 참된 앎을 얻어내는 것이다.[63] 따라서 격물치지의 단계는 '卽物 → 窮理 → 至極'으로 도식화될 수 있을 것이다. 격물치지론이 단순히 事·物을 대상으로 삼아 거기

---

62) 『大學章句』「經文 1章」朱熹註: 明德者 人之所得乎天而虛靈不昧 以具衆理而
　　應萬事者也. 但爲氣稟所拘人欲所蔽 則有時而昏. 然其本體之明則有未嘗息者.
63) 『朱子語類一』권15, 大學二, 經下. 致知所以求爲眞知. 眞知, 是要徹骨都見得透

에 내재하는 객관적인 이치를 탐구하려는 근대적 인식론의 구도와 근본적으로 궤를 달리하는 것은 이러한 이유에서이다.

세 번째 부분은 격물치지론의 정수에 해당하는 부분이다. 격물치지의 과정은 '온전한 나'(本然之性)를 드러내기 위한 끊임없는 노력에 다름이 아니다. 본래적인 온전한 내가 드러나는 순간은, 나와 세계가 자신을 온전히 드러내어 만남으로써 이루어진다. 그것은 대상에 대한 인식 작용을 넘어서서 나와 세계의 지평이 서로 융합하는 순간이다. 주희는 이 순간을 '豁然貫通'이라는 극적인 말로 표현한다.

격물치지론은 자연 세계이든 인간 세계이든 거기에는 각각 그에 합당한 결, 즉 理가 있다는 생각을 바탕으로 한다. 만약 주희가 인간을 대상에 대한 순수한 표상 능력을 가진 존재로 보았다면, 격물치지론은 근대적 의미에서의 인식론으로 자리하기에 충분하며, 이러한 맥락에서 주희를 향한 육구연, 왕양명의 비판은 더욱 설득력을 가질 수 있다. 그러나 理는 어떠한 경우에도 온전한 형태로 우리 앞에 주어지지는 않는다. 우리는 현실적으로 理를 온전히 표상해 낼 수 있는 능력을 가진 존재도 아닐뿐더러, 존재 원리로서의 理 또한 수동적인 표상의 대상이 아니다. 다만 그것은 개인의 현실적 조건에 따라 다양한 모습으로 그 실체를 드러낼 뿐이다. 그러기에 理는 단순히 하나의 고정된 질서 내지 윤리 규범만을 지칭하지는 않는다. 격물치지론을 단순히 인식론이 아니라 공부론이라는 측면에서 보아야 하는 이유가 바로 여기에 있다. 따라서 공부란 주어진 理를 단순히 인식하는 것이 아니라, 理의 내용 그 자체를 일상적인 삶을 통하여 채워 나아가는 것(集義)이라고 할 수 있다. 理 그 자체가 단박의 깨달음으로 그 전체적인 면모를 드러낸다고 보지 않는 것은 바로 이러한 이유 때문이다. 공부의 길이란 일상 속에서 순서를 따라 꾸준히 노력함으로써 마음 안에 하나하나

참됨을 쌓아 가는 것이지, 하루아침에 홀연히 단계를 뛰어넘는 것이 아니다.[64] 즉 공부는 일상 속에서 하나하나 그 마땅함이 내 안에 쌓임으로써 안팎이 어긋나지 않음을 스스로 체인하는 과정이라고 할 수 있다. 만약 공부의 과정이 단순히 외부에 객관적으로 존재하는 理를 인식하고, 그 결과, 내 안에서 모종의 바람직한 변화가 일어나는 것이라고 생각했다면, 주희는 그토록 힘을 들여서 '마음'의 본질 탐색을 위한, 긴 여정을 거칠 필요가 없었을 것이다. 주희는 자신의 이러한 공부론적 성과를 격물치지론에 담은 것이다. 그는 1195년에 쓴 편지에서 격물치지론의 本旨를 다음과 같이 요약하고 있다.

> 儒家에서는 마음과 이치가 서로 떨어진 것이 아니라는 것을 알아서 비록 털끝만큼의 작은 틈일지라도 어긋남이 없게 하려는 것입니다. 그래서 物·事와 교호작용(應事接物)하는 곳에서 조금이라도 어그러짐이 있게 되면 곧 진실로 보았다고 할 수 없을 것이니, 釋氏가, 본 곳과 행하는 곳을 둘로 나누는 것과는 같지 않습니다. …… 격물치지를 하는 것은 우선 일상의 삶 속에 나아가 天理의 流行을 세밀히 살펴야 합니다. 일상의 삶에는 각각 시비와 흑백의 조리가 있으니, 이러한 이치를 기준으로 그 시비를 잘 가려서 조금의 의심이나 막힘이 없어야 가슴이 洞然해지는 것입니다. 그러므로 격물치지를 하기만 하면 성의정심을 하게 되어, 천하와 국가도 다스릴 수 있는 것이니, 그것들은 서로 별개의 일이 아닙니다.[65]

---

64) 『朱熹集』권55, 2804쪽, 「答邵叔義1」然竊意必欲實爲此學, 亦當有以自致其力於日用之間, 存心養氣, 讀書窮理, 積其精誠, 循序漸進, 然後可得. 決非一旦慨然永歎而躐等坐馳之所能至也.

65) 『朱熹集』권59, 3052-3053쪽, 「答陳衛道1」儒者則要得見此心此理元不相離, 雖豪釐絲忽間不容略有差殊, 才是用處, 有差便是見得不實, 非如釋氏見處行處打成兩截也. …… 所以格物致知, 便是要就此等處微細辨別, 令日用間見得天理流行, 而其中是非黑白各有條理, 是者便是順得此理, 非者便是逆著此理, 胸中洞然, 無纖毫疑礙 所以才能格物致知, 便能誠意正心, 而天

생각건대 주희의 격물치지론은 다양화된 구체적 상황 속에서 차근차근 그 바른 결을 찾아나감으로써 그 본래성 전체, 다시 말해서 만물을 끊임없이 있게 하는 천지의 본래적인 덕성인 仁을 체인하고자 하는 노력[66]이라고 할 수 있다. 주희의 격물치지론은 일단 마음에 우주적 합일의 가능성(心具衆理)과 사사로운 욕망으로 치달을 수 있는 위험을 동시에 심어 놓고 출발한다. 공부는 이 양자가 끊임없이 갈등하는 일상의 삶 속에서 이루어진다. 우선 필요한 것은 몸과 마음을 하나로 수렴하여(涵養) 사물의 이치를 꿰뚫어 볼 수 있는 기반을 마련하여야 한다. 그렇지 않으면 사물상에 나아가 이치를 제대로 볼 수가 없다. 일상 속에서 하나하나 이치를 깨쳐서 마음에 쌓아 가다 보면(格物致知), 어느 날 홀연히 참다운 자기를 회복할 수 있다(復其初). 참된 자기의 눈으로 세상을 본다는 것은 몸과 마음이 자연스럽게 천리에 일치함을 일관되게 체험하는 것이다. '활연관통'은 이러한 경지를 극적으로 표현한 말이다.

다. 격물치지의 대상 및 방법

우리는 격물치지가 단순히 세계를 대상화시켜 모종의 법칙을 발견하려는 인식론적 사고와는 그 궤적을 달리함을[67] 누차 지적한 바 있다. 그것이 단순히 外物의 이치를 궁구하는 인식 작용을 넘어서는 것은 격물과 치지의 관계 맺음에 대한 주희의 독특한 가정을 통해서 확인할 수 있다.

   下國家可得而理, 亦不是兩事也.

66) 『朱子語類 一』권6, 性理3, 仁義禮智等名義. 問求仁. 曰, 看來仁字只是箇渾淪底道理. 如大學致知格物, 所以求仁也.

67) 정상봉, "朱熹의 格物致知와 敬工夫", 『哲學』, 제61집(한국철학회, 1999. 겨울), 12쪽.

격물은 개개의 事物 위에 나아가 그 事物의 이치를 끝까지 궁구하
는 것이요, 치지는 事物의 이치를 완전하게 얻어서, 그것에 대해서 조
금의 의심도 없을 만큼 내 앎을 이루어 가는 것입니다. …… 격물을
제대로 하면 앎은 저절로 이르는 것이니, 본디 이들 양자는 서로 별
개의 일이 아닙니다. 격물치지는 곧 이치를 궁구함을 말하는 것일 뿐
이며, 성현이 배우는 자들을 위하여 이를 자세히 설명할 의도로 이처
럼 구분하여 이름을 붙인 것입니다.[68]

敬은 격물과 치지의 간극을 메워주는 공부론상의 장치이다. 따라서
敬에 의하지 않고는 격물과 치지의 하나 됨을 바랄 수는 없다.[69] 그
것은 실제적인 공부의 모든 과정에 함께한다. 事物과 접하지 않아서
일이 없을 때에는 내 안에서 몸과 마음을 단속한다. 事物에 應接하여
일이 있을 때에는, 그것을 일로 향하게 함으로써 안팎의 조응을 가능
케 한다. 敬은 일이 있든 없든 끊어짐이 없이 늘 함께해야 하는 것이
다.[70] 따라서 敬은 격물치지를 해나가는 데 있어서 가장 큰 강령인
셈이다. 즉 敬은 배움의 수많은 갈래를 하나로 꿰뚫고 있는 공부의 본
령에 해당한다고 볼 수 있다. 오직 마음을 곧추 세워 그 밝음을 유지
하도록 한다면, 어떤 일에 접하더라도 거기에 흐르는 天理를 반드시
체인하게 될 것이니, 이같이 오래하면 억지로 하지 않아도 공부에 힘
이 붙게 되는 것이다.[71]

---

68) 『朱熹集』권51, 2510–2511쪽, 「答黃子耕5」 格物只是就一物上窮盡一物之理,
致知便只是窮得物理盡後, 我之知識亦無不盡處. …… 但能格物, 則知自至,
不是別一事也. 格物致知只是窮理, 聖賢欲爲學者說盡曲折, 故又立此名字.
69) 『二程遺書』(上海: 上海古籍出版社, 2000), 권3, 二先生語三, 118쪽. 入道
莫如敬, 未有能致知而不在敬者.
70) 『朱子語類 一』권12, 學6, 持守. 無事時敬在裏面, 有事時敬在事上. 有事無
事, 吾之敬未嘗間斷也.
71) 『朱子語類 一』권12, 學6, 持守. 人之爲學, 千頭萬緒, 豈可無本領! 此程先生所

주희에게 있어서 격물치지는 단순히 하나의 방법론이 아니다. 오히려 그것은 주희의 학문 자체를 정당화시키는 핵심적인 장치에 해당한다. 왜냐하면 주희는 격물의 대상으로서의 세계를 이기론의 구도를 통해서 새롭게 규정하고, 그것을 읽어 내기 위한 하나의 코드로 격물치지를 제시하였기 때문이다. 주희에게 있어서 세계는 두 가지 프리즘을 갖는다. 하나는 '관계적 존재'로서의 우리가 항상 발을 딛고 서 있는 현실의 세계, 즉 日用人倫의 세계이다. 유학은 이러한 일상의 세계에서 우리가 마땅히 따라야 할 기본적인 이치(綱常), 즉 인륜의 문제를 중심에 놓는다. 禮는 바로 이러한 인륜의 다양한 양상을 대표하는 개념이다. 그것은 보통 사람의 권역을 넘어서서 성인의 영역에서 빚어진 것으로, 우리가 일상적인 삶을 통하여 반드시 구현해야 할 마땅한 이치이다.72) 따라서 그 핵심적인 관심사는 내 안에서 禮의 정당성을 문제 삼기보다는, 끊임없는 자기 절제를 통하여 일상적인 삶에서 그것을 온전히 실천해 내는 일이 된다. 이것이 주희 이전 유학의 큰 줄기였다. 그러나 주희가 보기에 우리네 삶이 뿌리박고 있는 세계는 단순히 禮의 실천만을 담보하는 생활의 장이 아니다. 주희는 그러한 日用人倫의 세계를 떠받치고 있는 바탕, 즉 존재 세계로 관심을 돌리고 그러한 세계의 구체적인 모습을 치밀하게 그려낸다. 이것이 주희의 理氣心性論의 구도이다. 따라서 이제 주희의 관심은 우리가 마땅히 따라야 할 길(所當然之則)의 바탕에 흐르는 모종의 이치(所以然之故)를 따져 묻는 데에 이르게 된다.73) 물론 그것은 인륜의 마땅함에 일치하고자 하는 유학의 본령에서 결코 벗어나지 않는다. 그것은 오히려 유학의 본

以有持敬之語. 只是提撕此心, 敎他光明, 則於事無不見, 久之自然剛健有力.
72) 『論語集註』 「學而」 朱熹註: 禮者天理之節文, 人事之儀則也.
73) 유인희, 『朱子哲學과 中國哲學』(서울: 汎學社, 1980), 173-178쪽.

령에 좀 더 충실하고자 하는 주희의 문제의식을 기반으로 하며, 이에 대한 치열한 고민의 산물이 격물치지론이라고 할 수 있다. 따라서 격물치지론은 이 두 세계, 즉 '所當然의 世界'와 '所以然의 世界' 모두를 문제 삼으며, 보다 근본적으로는 이 두 세계의 화해를 지향한다고 할 수 있다.[74] 이제 주희의 격물치지론의 핵심적인 생각을 담고 있는 것으로 평가되는 '강묵에게 보내는 편지'를 통해서 이 점을 확인해 보자.

격물에 관한 설은 程子께서 상세히 논하셨습니다. 이른바 "格이란 至의 뜻으로, 격물이란 事物에 이르러 그 이치를 완전히 밝힌다."고 하신 말씀은 뜻과 句讀가 다 적절하여 바꿀 수 없는 것입니다. 저의 보잘것없는 설도 이러한 程子의 말씀에 뿌리를 두었습니다만, 또한 무조건적인 모방은 아닙니다. ……

대저 하늘이 백성을 냄에 사물이 있으면 반드시 법칙도 있습니다. 사물은 형상이고 법칙은 이치입니다. 형상이라는 것은 形而下者를 말함이요, 이치란 이른바 形而上者를 말합니다. 사람이 살아감에는 진실로 사물이 없을 수 없으니, 그 사물의 이치를 밝히지 않으면 性命의 바름을 따르고, 사물의 마땅함에 처할 수가 없습니다. 그러므로 반드시 사물에 나아가서 그 이치를 구하는 것입니다.

그 이치를 구하는 것은 알고 있으되 사물의 지극한 데에 이르지 않는다면, 사물의 이치를 궁구하지 못함이 있고 나의 앎 역시 미진함이 있게 되는 것입니다. 그래서 반드시 그 지극한 곳에 이른 뒤에야 그치는 것입니다. 이것이 이른바 사물의 이치를 궁구하여 사물에 이르면, 사물의 이치가 다 밝혀진다는 것입니다. 사물의 이치가 다 밝혀지면, 나의 앎도 훤히 뚫리게 되어 가리거나 막는 것이 없고, 뜻이 성실해지지 않음이 없고, 마음이 바르지 않음이 없게 되는 것입니다.[75]

---

74) 주희는 『대학장구』의 經文1장에 대한 풀이에서 '物猶事也'라고 함으로써 物과 事를 교묘하게 관계 짓고 있다. 物의 세계와 事의 세계가 완전히 일치하는 것은 아니지만 그렇다고 다른 세계도 아니라는 주희의 암시는 격물치지 공부가 어떠한 지평에서 전개되어야 하는지를 말해 준다고 할 수 있다.

라. 격물치지론의 성격 : '豁然貫通'

활연관통의 논리는 겉으로만 보면 하나의 모순을 지니고 있다. 그러한 모순은 '건너뜀의 사유'를 받아들이지 않고서는 해결할 수 없는 문제로 보인다.[76] 주희의 격물치지론은 일단 마음에 우주적 합일의 가능성과 사사로운 욕망으로 치달을 수 있는 위험을 동시에 심어 놓고 출발한다. 공부는 이 양자가 끊임없이 갈등하는 일상의 삶 속에서 이루어진다. 우선 필요한 것은 몸과 마음을 하나로 수렴하여 事物의 이치를 꿰뚫어 볼 수 있는 기반을 마련하여야 한다. 그렇지 않으면 事物상에 나아가 이치를 제대로 볼 수가 없다. 일상 속에서 하나하나 이치를 깨쳐서 마음에 쌓아 가다 보면, 어느 날 홀연히 참다운 자기를 회복할 수 있다.

---

75) 『朱熹集』권44, 2114－2115쪽, 「答江德功2」格物之說, 程子論之詳矣. 而其所謂"格, 至也. 格物而至於物, 則物理盡"者, 意句俱到, 不可移易. 熹之謬說實本其意, 然亦非苟同之也. …… 夫'天生蒸民, 有物有則', 物者, 形也, 則者, 理也. 形者所謂形而下者也, 理者所謂形而上者也. 人之生也固不能無是物矣, 而不明其物之理, 則無以順性命之正而處事物之當, 故必卽是物以求之. 知求其理矣, 而不至夫物之極, 則物之理有未窮, 而吾之知亦未盡. 故必至其極而後已. 此所謂'格物而至於物, 則物理盡'者也. 物理皆盡, 則吾之知識郭然貫通, 無有弊礙, 而意無不性, 心無不正矣.

76) 이계학은 이 문제와 관련하여 다음과 같은 흥미로운 제안을 한다. "왕양명의 致良知說과 事上磨鍊法을 살펴보면, 아이러니하게도 인격 확립의 초월적 지평을 발견할 수 없었다. 일반적으로 漸修論的이라는 성리학파의 교학 사상에서는 활연관통이라는 초월의 지평이 뚜렷하게 나타나 있지만, (그 스스로 龍場의 悟道라는) '깨달음'의 체험을 통해 인격을 확립한 왕양명의 교학 사상이 도리어 지극히 漸修的이라는 사실은 하나의 아이러니이다. 왜 이러한 결과에 도달하게 되었는지는 더욱 연구해 볼 만한 과제이다." 이계학 외 3인, 『인격 확립의 초월성』(화성: 청계출판사, 2001), 175쪽.

이상과 같은 주희의 논리에서 문제가 되는 것은 공부의 과정적 기준으로서의 격물치지와 공부의 궁극적인 경지로서의 활연관통이 근본적인 불화의 가능성을 지니고 있는 것으로 비쳐질 수 있다는 점이다. 누가 보더라도 일상의 삶 속에서 하나하나 事物의 이치를 궁구함으로써, 그것을 바탕 삼아 모든 事物을 관통하고 있는 존재 원리로서의 보편적인 이치(理一)를 대면할 수 있다는 논리는 쉽게 납득할 수 없는 문제이다. 공부의 과정에서 반드시 개별적인 이치를 하나하나 쌓아 가야 한다는 것은 산술적 셈법이다. 도대체 얼마나 쌓아야 그러한 경지에 도달할 수 있는가? 활연관통의 논리는 산술적 셈법을 넘어선다. 씨앗이 어느 정도 여물어야 자신을 담고 있던 깍지를 벗어날 수 있으며, 화살을 쏠 때는 어느 시점에서 깍지를 떼어야 과녁에 적중할 수 있는가? 결국 이것은 개인의 내적 조건에 달려 있는 문제이다. 활연관통을 '건너뜀의 사유', 즉 '깨달음'의 영역에 놓고 보아야 하는 이유가 바로 여기에 있는 것이다.[77]

---

[77] 활연관통이 깨달음을 전제로 한다는 점에 대해서는 대부분의 학자들이 일치된 견해를 보이고 있다. 유인희는 "格物法 자체는 관찰법이요, 분석적 방법이다. 반면에 활연관통은 直覺法이요 종합적이다."라고 함으로써 격물과 활연관통의 성격을 밝히고 있다(유인희, 『주자철학과 중국철학』(서울: 범학사, 1980), 170쪽). 이승환은 "개별적 이치들을 관통하는 보편적 이치를 체득하는 일은 활연관통이라 불리는 직관적 體悟에 의해 가능하다. 개별적 이치의 탐구가 개별적이고 추론적인 데 반해, 보편적 이치의 체득은 종합적, 초경험적, 직관적이라 할 수 있다. 활연관통에 의해 하나의 보편적인 이치를 체득한다 함은, 다양한 개별적 이치들이 두서없이 제멋대로 존재하는 것이 아니라, 일관성을 가지고 하나의 체계 안에서 합목적적 질서를 유지하고 있음을 깨우치는 것을 말한다."라고 하여 활연관통의 성격을 좀 더 구체적으로 밝히고 있다.(이승환, 『유가 사상의 사회철학적 재조명』(서울: 고려대학교출판부, 1998), 268쪽). 정상봉 역시 "주희는 積習의 방법을 통하여 활연관통에 이를 수 있다고 보았다. 이른바 활연관통의 경지는 보편적 이치를 꿰뚫어 보는 통찰의

주희의 격물치지론이 단순히 外物에 대한 지식을 추구함으로써 궁극적으로 理學과 心學의 대립을 초래하였다는 비판적 입장에서 보면, 격물치지와 활연관통은 서로 건널 수 없는 강을 사이에 두고 있는 셈이다. 그러나 주희가 활연관통이라는 '깨달음'으로 향하는 유일한 길에 격물치지를 놓았다는 사실은, 그 자신이 산술의 셈법을 넘어서는 또 다른 셈법 위에 서 있음을 보여주고 있다. 마음이 공부의 주체라는 자각적 깨달음, 우리 자신을 포함한 세계 전체는 하나의 존재 원리로서의 理가 구체화된 다양한 양상이라는 결론, 그리고 이 양자는 마음의 능동적인 작용에 의해 만날 수 있다는 것이 주희의 새로운 셈법의 기초이다. 격물치지론이 주희의 마음 이론과 세계에 관한 이론의 정교한 交織 위에 서 있다는 믿음은 바로 이상과 같은 고찰을 바탕으로 하고 있다. 격물치지를 통한 활연관통의 드라마는 주체와 대상, 사실과 가치를 엄격하게 구분하여 보는 근대적 지식관의 입장에서는 모순덩어리일 수밖에 없다.

결국 주희의 격물치지론은 나와 세계의 관계 맺음 방식을 전통적인 인식론과는 다른 각도에서 파악할 수 있음을 보여주고 있다. 주희는 세계의 존재 원리서의 理와, 마음의 본체로서의 性을 말하지만, 그것을 現實態로 위치시키지 않고 인간의 능동적인 노력의 영역에 남겨 놓는다. 주희에게 있어서 세계의 드러남은 기질지성의 한계를 지닌 개인의 끊임없는 노력을 담보로 한다. 그것은 기질지성의 한계를 하나하나 벗어남으로써 본연지성을 찾아가는 과정이다. 따라서 절대 이성에 의해 세계를 대상화시키고자 하는 근대적 인식론의 구도와는 근본적으로 다르다고 하겠다. 비유컨대, 근대적 인식론에서의 마음이 대상을

인식이 생긴 것이다."라고 언급한다.(정상봉, "주희의 격물치지와 경공부", 『哲學』, 제61집(한국철학회, 1999. 겨울), 18쪽).

일방적으로 비추는 '온전한 빛'이라면, 격물치지론에서의 마음은 물속에 잠긴 채 빛을 내는 '구슬'과도 같다. 때로는 물속에 있는 '온갖 것들'의 요동침에 의해, 때로는 밖에서 가해지는 자연과 인공의 힘에 의해, 마음의 작용은 항상 제한을 받는다. 따라서 그 본래적 밝음을 드러내기 위해 우리는 마음을 흔드는 내·외적 힘을 제어하려는 노력을 기울여야 한다. 이것이 이른바 '닦음의 공부', 다시 말해서 修養의 과정이다. 한계를 지닌 나를 극복하려는 공부의 과정이 없다면, 나와 세계는 서로 자신의 모습을 온전히 드러내어 조응할 수 없다. 주희는 이 조응의 극치를 활연관통이라는 말로 표현하고 있는 것이다. 활연관통은 마음이 더 이상 안팎의 불순한 힘에 의해 휘둘리지 않는 상태로서, 완벽하게 질적 전환을 이룬 순간이다. 어쩌면 주희는 생의 어느 순간에 공자의 다음과 같은 노래를 들었을지도 모른다.

> 열다섯에 성인 됨을 기약하고
> 삼십에 그 방향을 알아 굳게 잡으니
> 사십에는 잡다한 외침에 흔들리지 않았다네!
>
> 오십에 다만 天命의 흐름을 볼 수 있더니
> 육십에는 애써 살피지 않아도 눈앞에 드러나니
> 아! 이제는 마음의 소리만 따라도 성인의 발걸음에서 벗어나지 않는구나![78]

우리는 주희의 격물치지론의 핵심적인 아이디어가 나와 세계의 조응을 극적으로 드러내고 있는 활연관통에 있음을 살펴보았다. 그러나 교육학적으로 주목해야 할 것은 활연관통의 순간 그 자체가 아니라,

---

78) 『論語』「爲政」子曰, 吾十有五而志于學, 三十而立, 四十而不惑, 五十而知天命, 六十而耳順, 七十而從心所慾不踰矩

활연관통이 어떻게 가능한가 하는 것이다. 활연관통은 주체로서의 내 안에 있는 '본연의 밝음(性)'이 문득문득 그 모습을 드러내는 순간이 아니라, 그것이 어떠한 순간에도 흔들림이 없이 올곧게 발현하는 경지 이다. 그것은 범인의 영역에서 성인의 영역으로 진입하는 순간이다(超凡入聖). 공자는 이러한 경지를 '從心所欲不踰矩'라는 말로 표현하고 있다. 사람의 마음은 현실의 기질 속에 자리하고 있는 까닭에, 마음의 작용은 항상 기질의 속박, 즉 '몸'의 욕망에서 자유로울 수가 없다. 욕 망은 그 본질상 반드시 악하다고 할 수는 없지만, 항상 일탈의 가능성 을 지니고 있다. 따라서 그것은 마음의 본래적인 밝은 능력에 의해 天理에 합일되는 방향으로 추슬러져야 한다. 우리의 일상적인 삶은 기질 의 하고자 하는 바(欲)와 그것을 天理에 일치시키고자 하는 향성이 끊임없이 서로를 구속하는 장이라고 할 수 있다. 그러나 범인의 경지 를 넘어 성인의 경지로 질적 전환을 이루면, 이 양자는 서로에 대한 구속을 풀고 자연스럽게 합일하게 된다. 주희는 이러한 경지를 "그저 마음 가는 대로 행하고, 그것을 애써 天理에 맞추려고 하지 않아도 저 절로 조화를 이루는 상태"로[79] 풀이한다.

이제 『대학』으로 돌아가서 활연관통의 드라마가 어떻게 예비되고 있는지 살펴보자. 『대학』의 經文 제1장은 大學 工夫의 본질을 말해 주 는 세 가지 큰 틀(三綱領)을 제시한다.

> 『대학』의 도는 사람이 하늘로부터 받은 바인 본연의 밝음(性)을 드러내는 데에 있으며(①明明德), 더불어 뭇사람들을 거듭나게 함에 있으며(②新民), 그 지극한 경지를 일상 속에 늘 존재하게 하는 데에 있다(③止於至善).[80]

---

79) 위의 책, 같은 곳, 朱熹註: 隨其心之所欲而自不過於法度, 安而行之, 不勉 而中也.

152

논리적인 측면에서 보면, 위의 세 가지 강령은 각각 ① → ② → ③의 순서로 구조화될 수 있을 것이다. 즉 인간의 본래적 덕성인 明德의 온전한 실현을 토대로 그것을 타인에게까지 미치고, 그 귀결로써 몸과 마음이 지극한 이치에서 한 치의 벗어남도 없는 경지에 머무르도록 한다는 것이다. 그러나 실제적 측면에서 보면, 이 세 가지는 끊임없이 서로 연동한다. 인간이 가지고 있는 '본래적인 밝음'81)을 드러내는 과정은, 유학의 본질에 비추어 볼 때, '내남'의 관계, 다시 말해서 일상 세계와 존재 세계 모두에서 끊임없이 반추되어야 한다. 이러한 공부의 과정을 통하여 개개인은 때때로 物·事에 흐르는 理의 천연한 모습(至善)을 대면하기도 한다. 그러나 아직 이것은 산발적인 체험일 뿐, 자기 안에 뿌리를 온전히 내리고 있는 것은 아니다. 그러기에 그 머무름(止)은 때때로 변덕을 부리기도 한다. 현실적 존재로서의 인간은 기질의 구속에서 자유로울 수 없는 까닭에 본연의 덕성으로 수렴할 수 있는 가능성과 일탈할 수 있는 가능성을 모두 지니고 있다. 『논어』는 至善에 온전히 뿌리를 내리지 못한 불안한 경지를 다음과 같이 표현하고 있다.

> 공자께서 顔回를 일러 다음과 같이 말씀하셨다. "안회는 그 마음이 석 달 동안 仁을 떠나지 않았고, 그 밖의 다른 사람들은 하루에 한 번 혹은 한 달에 한 번 仁에 이를 뿐이다."82)

적어도 석 달 동안 仁에서 벗어나지 않았다는 것은 안회가 어느 정

---

80) 『大學章句』「經文」제1장. 大學之道, 在明明德, 在新民, 在止於至善.
81) 위의 책, 같은 곳. 朱熹註: 明德者, 人之所得乎天而虛靈不昧, 以具衆理而
    應萬事者也.
82) 『論語』「雍也」子曰, 回也其心三月不違仁, 其餘則日月至焉而已矣.

도 본연의 덕성을 일관되게 발현시킬 수 있는 경지에 이르렀음을 의미한다. 그러나 그도 역시 성인의 경지에 들어서기에는 역부족임을 알 수 있다. '至於至善'은 억지로 하려고 하지 않아도, 내 마음과 天理 사이에 조금의 벌어짐도 없어서, 어떠한 상황에서든 그 마땅함을 잃지 않고 편안히 머무를 수 있는 경지를 말한다. '從心所欲不踰矩'나 '豁然貫通'은 바로 이러한 경지를 극적으로 표현한 것이다.

이제 활연관통을 향한 공부의 각론에 해당하는 『대학』의 여덟 가지 조목을 살펴보자.

옛날에 明德을 천하에 밝히고자 하는 자는 먼저 그 나라를 다스리고, 그 나라를 다스리고자 하는 자는 먼저 그 집안을 가지런히 하고, 그 집안을 가지런히 하고자 하는 자는 먼저 그 몸을 닦고(修身), 그 몸을 닦고자 하는 자는 먼저 그 마음을 바로잡고(正心), 그 마음을 바로잡고자 하는 자는 먼저 그 뜻을 참되게 하고(誠意), 그 뜻을 참되게 하고자 하는 자는 먼저 그 앎을 지극히 하였으니(致知), 그 앎을 지극히 함은 事物에 나아가 그 이치를 窮究함에 있다(格物).[83]

위의 여덟 가지 조목은 하나하나가 위계적 공부의 단계를 지칭한다기보다는, '修身'을 중심으로 그 구체적인 공부의 양상과 효과를 언급한 것으로 볼 수 있다. 우리 안에는 존재 원리로서의 理가 자리 잡고 있는 까닭에 항상 그 본연의 밝음을 지향하지만, 동시에 음양의 다양한 계기에 의해서 만들어진 까닭에 기질의 가림에서 자유로울 수 없다. '修身'은 기질의 가림을 걷어 내고 본연의 밝음을 드러내려는 노력으로서, 마음의 자각적인 노력, 즉 '정심'에 의해서 구체화된다. 몸은

---

83) 『大學章句』 「經文」제1장. 古之欲明明德於天下者, 先治其國, 欲治其國者, 先齊其家, 欲齊其家者, 先修其身, 欲修其身者, 先定其心, 欲定其心者, 先誠其意, 欲誠其意者, 先致其知, 致知在格物.

154

주체인 마음에[84] 의해 끊임없이 다듬어져서 거듭나지 않으면 안 된다. 그러나 마음의 작용으로서의 ‘意’[85] 역시 몸의 구속에서 자유로울 수 없다. 일상 속에서 物·事에 접하여 사려가 싹트는 순간(應事接物), 마음 안에는 온갖 욕망들이 함께 일어나는 까닭에 마음의 작용이 늘 그 마땅함(中節)을 얻을 수 없는 것이다. 따라서 이러한 욕망들을 제어하여 그 마땅함을 얻으려는 노력이 요구된다. ‘誠意’는 바로 ‘意’를 항상 참되게 발현하도록 함으로써 마음의 바름을 얻고자 하는 노력이다. ‘성인’이 아닌 ‘凡人’으로 태어난 이상 이러한 노력은 공부의 과정에서 피할 수 없는 과정이다. 물론 ‘凡人’도 본연의 밝음을 갖추고 있지 않은 것은 아니지만, 일상 속에서 그것을 드러내려는 치열한 노력이 수반되지 않는다면 성인의 권역으로 접근해 가는 것은 요원하다.[86] 그러나 그저 아무런 작위도 없이 꼿꼿하게 앉아서 단박에 깨치려고 노력한다고 해서 마음의 참됨을 이룰 수 있는 것은 아니다. 보다 적극적으로 物·事에 다가가서, 자기가 가진 문제의식을 풀어내려고 끊임없는 노력을 하지 않는다면 마음의 참됨을 얻을 수 없다. 현실적 존재로서의 인간은 기질의 구속에서 자유로울 수 없는 까닭에 우리는 삶의 과정 하나하나에서 본연의 덕성을 회복하려는 노력을 해야 한다. 격물치지는 일상 속에서 사물의 이치를 궁구하여, 자기 안에서 그 궁극적인 의미를 풀어냄으로써 홀연히 본래적 자기를 회복(復其初)하고자 한다. 활연관통은 바로 이 극적인 환희의 순간을 나타내고 있는 말이다.

　　결국 주희의 격물치지론은 ‘딜레마’와 ‘드라마’를 동시에 품고 있다고

---

84) 위의 책, 같은 곳, 朱熹註: 心者, 身之所主也.
85) 위의 책, 같은 곳, 朱熹註: 意者, 心之所發也.
86) 『中庸章句』「제20장」誠者, 天之道也. 誠之者, 人之道也. 朱熹註: 誠者, 眞實無妄之謂, 天理之本然也. 誠之者, 未能眞實無妄而欲其眞實無妄之謂, 人事之當然也.

할 수 있다. 이미 우리가 알고 있듯이, 주희는 마음을 그 안에 모든 이
치를 고스란히 투영해 낼 수 있는(虛靈不昧) 본연의 性과 현실적인 몸
안에 자리한(氣稟所拘) 기질의 性으로 나누어 본다. 마음의 현실적 한
계를 인정하면서도, 활연관통을 상정한 것은 분명히 하나의 딜레마이
다. 격물치지를 단지 物·事를 대상으로 하여 이치를 궁구하는 인식론
적 과정으로 본다면, 결코 이 딜레마는 해결될 수 없다. 격물치지가 활
연관통의 드라마로 이어지기 위해서는 '卽物 → 窮理 → 至極'의 세 가
지 개념적 요소를 필요로 한다. 따라서 격물치지는 단순히 사물을 대상
으로 삼아, 객관적 이성에 의해 그것을 환원시키고자 하는 근대적 인식
론의 구도와는 근본적으로 다른 것이다. 주희는 사물의 이치를 끝까지
궁구하여 자기 안에서 온전히 풀어낼 수 있는 능력, 즉 본래적 밝은 능
력(明德)을 우리 안에 심어 놓음으로써, 격물치지를 통해 활연관통이
라는 '초월의 드라마'를 엮어 내고 있다. 격물치지를 통하여 본연의 밝
은 능력(明德)을 회복한다는 것은 현재적 자기를 초월함으로써 새로운
눈으로 세상을 바라보게 되었음을 의미한다. 『대학』은 이 순간을 다음
과 같이 노래하고 있다.

> 활연관통하여 모든 사물의 이치를 훤히 볼 수 있어야(物格), 비로
> 소 앎이 지극한 경지에 이른 것이다(知至). 앎이 지극해지면, 마음의
> 작용하는 바가 참되지 않을 수 없다(意誠). 마음의 작용하는 바가 참
> 되어서, 마음이 항상 본연의 바름에 일치하게 되면(心正), 몸 또한 닦
> 여져 일상의 삶 자체가 天理의 본연에서 한 발짝도 벗어나지 않게 된
> 다(身修).87)

몸 안의 현실적 욕망들을 순치시키는 치열한 노력의 과정이 '修身'이

---

87) 위의 책, 같은 곳, 物格而后知至, 知至而后意誠, 意誠而后心定, 心定而后身修.

라면, 그것들이 자연스럽게 도에 합치되어 항상 天理의 본연에서 벗어
나지 않는 성인의 경지[88]는 '身修'이다. 이렇게 본다면 성인을 향한 공
부의 출발점도 '몸'이요, 그것이 찬연하게 꽃을 피우는 곳도 바로 '몸'이
다. 그러니 시·공의 현실에 자리한 몸을 벗어나서는 아무것도 이룰 수
없다. 나는 그대로 나이고, 이치는 그대로 이치라면, 그것은 객관적인
인식의 과정일 뿐 공부의 과정이라고 할 수 없다. '物格/知至'는 바로
내 안팎의 이치가 완벽하게 합치되는 경지를 말한다. 사물의 측면에서
보면 物格이요, 나의 측면에서 보면 知至이다. 사물이 스스로 나에게
이르는 것도, 내가 사물을 일방적으로 안배하는 것도 아니다. 그것은
다만 서로의 빛으로 상대를 비추어 그 존재를 드러내 주는 것이다. 그
러한 경지는 의식적으로 하지 않아도 저절로 그렇게 되는 경지, 곧 '從
心所欲不踰矩' 내지 '豁然貫通'의 상태이다. 격물치지는 활연관통, 즉
'탁월한 지혜'로 세상 만물의 존재 이유를 꿰뚫어 볼 수 있는(一以貫
之) 성인의 경지를 향한 '凡人'의 노력이다. 주희는 격물치지 공부를 통
하여 끊임없이 자신을 닦으려는 노력을 삶의 존재 이유로 본다.

3. 격물치지론의 탈근대 교육과정학적 함의

가. 탈근대 교육과정학 : 미완의 도전

근대성은 인간과 세계에 관한 다음과 같은 신념을 기반으로 한다.
즉 인간은 절대 이성의 소유자이며, 세계는 이러한 이성에 의해 온전
히 표상될 수 있다는 것이다. 근대적 지식은 절대 이성에 의해 세계를

---

88) 『中庸章句』「제20장」誠者 不勉而中 不思而得 從容中道 聖人也.

환원시킨 결과물이다.[89] 따라서 이러한 지식의 증가, 다시 말해서 세계에 대한 설명 가능성의 증가는 인간이 세계를 통제할 수 있는 힘이 커진다는 것을 의미한다. "아는 것이 힘이다"라는 베이컨(F. Bacon)의 언명은 근대적 지식의 본질을 단적으로 드러낸 것이다.[90] 인간의 욕망에 바탕을 두고 이루어지는 자연 지배적 태도, 즉 과학적 방법론의 발달은 지식과 기술의 폭발적인 증가를 가져왔다. 그리고 그 결과 인류는 놀랄 만한 편의를 누리게 되었다. 그러나 무한한 욕망의 질주는 마침내 인류의 존립 자체마저 위협하게 되었다.

오늘날 인류가 직면하고 있는 '생태학적 위기들'은 절대 이성을 앞

---

89) 서양 철학사를 통하여 볼 때, 인간이 어떻게 보편적, 객관적 지식을 획득할 수 있는가에 대한 대표적인 두 가지 대답이 합리론과 경험론이다. 합리론자들은 지식의 확실성을 보장하는 근거를 선천적으로 인간에게 주어진 '본유 관념'으로 본다. 반면에 경험론자들은 '감각 경험'을 통하여 지식의 확실성에 이를 수 있다고 본다. 그러나 이것은 방법론적 차이에 불과할 뿐, 보다 근본적인 측면에서 보면, 그들 모두 동일한 기반에 서 있음을 알 수 있다. 즉 인간에게는 하나의 보편적인 인식의 기반이 존재한다는 것, 그리고 세계는 인간의 인식을 기다리는 고정 불변의 실재라는 것을 전제로 한다. 김무길, "존 듀이의 지식론과 Transaction에 관한 연구"(성균관대학교대학원 박사학위논문, 2000), 37쪽; 조화태, "후기현대철학과 교육의 새로운 비전", 『교육이론』, 제6권 제1호(서울대학교사범대학교육학과, 1991), 119-120쪽 참조.
90) 요한네스 힐쉬베르거는 베이컨에 의해서 지식의 의미가 새롭게 규정되기 시작하였다고 본다. 베이컨에 의해서, 지식은 그 자체가 목적이 아니라, 양적, 기계적, 경험론적으로 자연을 이해함으로써 특정한 목적에 봉사하는 수단이 되었다는 것이다. 사실 아리스토텔레스 이래로, 앎과 지혜는 그 자체가 목적이었고, 진리를 꿰뚫어 보는 것이었고, 또 가치들을 꿰뚫어 보는 것이었다. 따라서 앎과 지혜는 인간에게 품위를 부여해 주는 그런 문화의 중요한 요소였다. 그러나 베이컨에 이르러 앎은 오로지 기술적으로 이익을 가져오는 것에만 국한되었다. 과학적 방법의 사명은 바로 이러한 앎을 증가시키는 것이었다. 요한네스 힐쉬베르거 지음, 강성위 옮김, 『서양 철학사, 하권』(대구: 이문출판사, 1987), 98-100쪽.

세워 자연을 일방적으로 재단하고자 하는 근대 과학적 논리의 당연한 귀결이라고 할 수 있다.[91] 사실 세계 내에는 '설명 가능한 것'만이 아니라 '설명할 수 없는 것'도 있을 수 있다. 어찌 보면, 세계 내에 인간의 이성적 힘이 미칠 수 없는 영역이 있다는 생각은, 세계를 끊임없이 대상화시키려는 인류의 무한한 욕망의 질주를 적절하게 제어할 수 있는 장치가 될 수도 있다. 그러나 근대적 학문은 이러한 영역을 철저하게 배제한 채 이루어져 왔다. 인류는 세계를 지배할 수 있는 능력, 다시 말해서 절대 이성에 의해 지식의 양을 폭발적으로 증가시키고는 있지만, 그러한 행위의 정당성을 문제 삼을 수 있는 능력은 가지고 있지 못하다.[92] 다음의 언급은 현재 인류가 처한 위기의 원인을 적시하고 있는 것으로 생각된다.

---

91) 젠크스(C. Jencks)는 지구상의 모든 생물과 무생물은 상호 작용하거나 연결고리를 가질 수 있음에도 불구하고, 과학자들은 오직 이것들을 분석, 환원, 분화의 관점에서만 다룸으로써 세계를 위기로 몰아넣고 있다고 진단한다. 그는 모든 것을 쪼개서 보고자 하는 근대 과학적 방법론은 결국 인류를 생태학적 위기로 내몰 수밖에 없다고 결론짓는다. "근대과학은 현실의 제한된 부분들을 전문적으로 다루면서 성공을 거두고 있다. 특히 생태학과 생물학처럼 아주 소수의 분야만이 전체론적으로 연구된다. 근대적 지식은 문제들을 부문별로 분석하고, 정복하려고 세분화하며 발전해 오고 있으나, 반면에 대학의 다양한 분과들과 연구규칙들은 지난 200년 동안에 이루어진 것들이다. …… 세계가 하나의 전체라는 것을 깨닫지 못하는 사람들은 세계를 오염시키도록 운명지어져 있다." C. Jencks, What is Post-Modernism?, 청람번역팀 옮김, 『포스트모더니즘이란 무엇인가?』(서울: 청람, 1995), 72쪽.

92) 호르크하이머(Max Horkheimer)의 견해에 따르면, 전자는 주관적 이성 혹은 도구적 이성에 해당하며, 후자는 객관적 이성에 해당한다. 객관적 이성은 효과적인 수단의 측량과 함께 목표 자체의 정당성을 따질 수 있는 능력에 해당한다. 윤평중, 『푸코와 하버마스를 넘어서』(서울: 교보문고, 1990), 42-44쪽 참조.

> 현대 문명은, 아는 것은 압도적으로 많고, 지혜의 깊이는 놀랄 정
> 도로 얕다. 오늘날의 전문가들은, 갈수록 자기들의 전문 분야의 목적
> 만 추구해 나감으로써, 전체적인 세계와 전체적인 인간에 대한 전망
> 을 점점 잃어가고 있다.[93]

인류가 당면하고 있는 위기는 근대적 사유 구도 아래서는 근본적인 해결이 불가능한 문제이다. 탈근대성은 이상과 같은 근대적 사유 구도에 대한 원천적 비판에 해당한다. 탈근대성이 일차적으로 문제 삼는 것은 근대적 주체 개념이다. 그들에 의하면 절대 이성의 소유자로서의 근대적 인간은 허구의 산물일 뿐, 현실태로 존재할 수 없다. 따라서 절대 이성에 기초한 지식의 객관성 내지 절대성에의 가정도 그 정당성을 상실하게 된다. 그러나 탈근대성은 아직은 하나의 일관된 흐름을 형성하지는 못하고 있다. 그것은 어떤 하나의 공통된 교의를 대표한다기보다는, 근대성에 대한 도전의 정당성 및 그 실현 가능성에 대한 외침이라고 할 수 있다.[94]

어찌 보면, 탈근대성은 하염없이 내리는 근대성이라는 '긴 비'를 피하기 위해 하나의 우산 아래로 모여든 군상들과 같은 것인지도 모른다. 그럼에도 불구하고 그리핀에 의하면, 탈근대성은 근대성에 대한 해체의 동기에 따라 '해체적 탈근대성(deconstructive postmodernity)'과 '구성적 탈근대성(constructive postmodernity)'으로 구분된다. 전자가 해체 그 자체에 무게를 둔 것이라면, 후자는 해체 작업을 토대로 새로운 구성을 꿈꾼다. 결국 이들 양자의 차이는 근대성을 대체할 새로운 세계관을 정립하려고 하느냐 그렇지 않느냐에 달려 있다. 그리핀

---

93) 요한네스 힐쉬베르거, 앞의 책, 100쪽.
94) D. R. Griffin et al., *Founders of Constructive Postmodern Philosophy* (New York.: State University of New York Press, 1993), pp.vii-viii

은 해체주의자들의 공헌을 무시하는 것은 아니지만, 그들의 해체 작업은 필연적으로 상대주의와 허무주의로 귀결될 수밖에 없다고 본다. 그는 세계관 자체의 정립 가능성을 부정함으로써 근대적 세계관을 극복할 수 있다고 보지 않는다. 오히려 근대성의 전제 및 개념들에 대한 전면적인 수정을 통해서 탈근대적 세계관을 정립하고자 한다.[95]

탈근대성 안에서 해체주의와 구성주의가 공존한다는 것은 탈근대성 자체가 가지고 있는 딜레마의 전형적인 보기이다. 탈근대주의자들은 근대적 절대 주체에 대한 해체 작업의 정당성을 부각시키는 데에는 어느 정도 성공했지만, 그 이후에 대해서는 적극적으로 대안을 제시하지 못함으로써 극단적인 상대주의 내지 허무주의를 자초하였다는 비판을 받고 있다. 주체 논의의 현 단계에서 중요한 사실은 근대적 절대 주체를 해체하면서도, 주체에 대한 절대 부정의 위험에 빠지지 말아야 한다는 이중의 문제의식을 갖는 것이 중요하다는 지적은[96] 이상과 같은 탈근대성의 딜레마에서 출발하고 있는 것으로 보인다.

어찌 보면, 근대적 주체를 소거시킨 자리에 무엇을 채울 것인가 하는 문제는 교육 분야에서 더욱 중요하게 다루어질 필요가 있다. 교육은 주체들 사이의 상호 작용을 그 본질적 요소로 한다는 점에서 근대적 주체에 대한 비판에서 결코 자유로울 수 없다. 근대적 구도 아래서 보면, 교육은 이성적 능력의 배양, 다시 말해서 인간의 무한한 욕망을 충족시켜 줄 수 있는 도구적 지식의 창출 및 전수에 관심을 집중시킬 수밖에 없다. 근대적 의미에서의 이성은 인간이 추구하는 욕망의 정당성을 따지고, 온당한 방향으로 그것들을 조절할 수 있는 능력까지 포

---

95) 위의 책, pp.1 - 4.
96) 윤효녕, "주체 논의의 현단계: 무엇이 문제인가?", 윤효녕 외 3인, 『주체 개념의 비판』(서울: 서울대학교출판부, 1999), 14쪽.

함하기는 어렵다. 따라서 교육 또한 비판적 이성을 기르기 위한 활동
보다는 객관적 지식의 효율적 전수 및 획득에 초점을 맞추게 된 것이
다. 근대적 교육과정 패러다임이 교육 내용 선정의 적합성, 전달 방법
의 효율성 등을 중심 주제로 삼아온 것은 이러한 이유 때문이다. 그러
나 탈근대성의 도전에 의해, 지식의 절대적 근거로 작용해왔던 근대적
주체의 신화가 무너지기 시작하면서 교육 분야도 새로운 전기를 맞이
하고 있다. 특히 '무엇을, 왜, 어떻게 가르칠 것인가?' 하는 문제를 핵
심적인 관심사로 하고 있는 교육과정 분야에서는 이 문제에 대한 논
의가 더욱 절실한 실정이다. 근대적 주체를 넘어서는 새로운 주체의
모색 작업은 나를 포함한 '세계'의 본질을 근본적으로 다시 볼 것을
요구한다. 따라서 나와 세계의 소통 언어로서의 '지식'의 의미도 새롭
게 규정될 필요가 있다.

나. 격물치지론과의 만남 : 새로운 가능성

인류는 과학적 지식을 끊임없이 증가시킴으로써 세계에 대한 지배
력을 강화시켜 왔다. 그러나 이러한 욕망의 질주는 그칠 줄을 모른다.
이제 인류는 그 존립 자체마저 위협받는 '생태학적 위기'에 직면하게
되었다. 카프라(F. Capra)는 인류가 당면하고 있는 위기의 원인과 극
복 방안에 대하여 다음과 같은 흥미로운 분석을 내놓는다.

나는 동양의 음양 이론이 이 상황을 묘사하는 데 안성맞춤이라고
생각합니다. 기계론적 세계관이 팽배해짐에 따라 우리 사회에는 동양
인들이 이른바 陽의 요소에 속한다고 말하는 사고방식이나 이념들이
번성하여 기세를 떨치는 대신, 그를 보완하여 줄 陰의 요소에 해당하
는 가치나 감수성이 소외되었습니다. 陽의 기운이 득세하는 세상에서

> 우리는 …… 세상을 옴살스럽게(holistic) 보는 대신 모든 걸 쪼개어
> 보고자하며, 직관적인 지혜를 기르기보다는 당장 써먹을 수 있는 지
> 식에만 연연한 채 종교보다는 과학을 신뢰하고, 협동보다는 경쟁으로
> 일을 하게 된 것이며, 현재 가진 것으로는 만족하지 못하여 다른 사
> 람을 착취하고 정복하려 합니다.[97]

카프라의 지적대로 陰과 陽처럼 서로가 서로의 존재를 요청하는 관계(對待關係) 속에서 어느 일방의 부재는 결국 존재 그 자체의 위기로 이어진다. 오늘날 인류가 처한 위기도 바로 어느 일방에 대한 타방의 횡포에 대한 경고음에 다름이 아니다. 부재는 곧 위기이기에, 인간과 자연, 앎과 삶, 절대성과 상대성, 객관성과 주관성의 접점을 모색하려는 노력은 결코 포기되어서는 안 될 것이다.

탈근대성은 바로 어느 일방에 대한 타방의 독주를 허용하는 근대성의 핵심 신념에 근본적인 의문을 제기한다. 인간은 과연 근대성이 상정하는 것처럼 절대 이성의 주체인가? 그리고 절대 이성에 의해 환원되었거나 그럴 가능성이 있는 것만이 세계의 전부인가? 탈근대성은 이상과 같은 근대성의 핵심 가정을 정면으로 거부한다. 탈근대주의자들에 의하면, 절대 이성의 주체인 근대적 인간은 허구의 산물일 뿐, 인간의 실제적인 면모와는 거리가 멀다고 주장한다. 따라서 그러한 주체에 의해 표상된 세계 역시 그 본래적인 면모와는 확연히 다를 수밖에 없다. 그러나 탈근대주의자들은 근대적 주체의 허구성을 부각시키는 데에는 일단 성공했지만, 그 이후에 대해서는 적극적으로 대안을 제시하지 못하고 있는 실정이다. 이성이라는 절대 주체를 해체함으로써 주체와 객체의 이원론적 대립을 해소하고자 했던 그들 역시 상대

---

97) F. Capra, "지구를 살리는 새로운 선택", 김재희 엮음, 『신과학 산책』(서울: 김영사, 1994), 27쪽.

성 너머의 절대성, 주관성 너머의 객관성을 상정하지 않을 수 없는 이분법의 딜레마에서 빠져나올 수 없었던 것이다. 비록 원론적 수준이기는 하지만 음양 이론에 기댄 카프라의 현대 문명 비판은 서양 지성사에 각인된 이원론의 한계를 극복할 수 있는 가능성을 보여준다.

이미 이 글에서는 근대적 주체 개념에 대한 비판을 통하여 인식 주체로서의 나와, 인식의 대상으로서의 세계의 관계를 새롭게 조명할 필요가 있음을 지적한 바 있다. 사실 현대 문명은 그 눈부신 성과, 앞으로의 발전 가능성에도 불구하고 치명적인 약점을 지닌 것으로 평가되고 있다. 우선 이원론적 입장에서 이성적 마음을 몸에서 철저하게 분리해 냄으로써, 절대 이성의 근저에 몸의 욕망이 끼어들 수 있는 가능성을 보지 못하였다. 따라서 인류는 이러한 욕망에 대한 적절한 제어 장치를 마련하는 데 실패함으로써, 무한한 욕망에 의해 견인되는 과학 기술의 폐해를 극복할 수 있는 능력을 상실하게 된 것이다. 이러한 이유에서 근대적 이성을 ‘도구적 이성’이라고 부르는 것이다. 도구적 이성은 목적 및 수단의 정당성을 문제 삼기보다는 효율성에 집착하게 된다. 근대적 이성이 허구의 산물이라면, 이제까지 우리 앞에 나타난 세계 또한 그 본래적 모습이라고 할 수 없다. 세계는 어찌 보면, 우리 앞에 드러난 부분보다 드러나지 않은 부분 혹은 결코 드러낼 수 없는 부분이 훨씬 많은지도 모른다.

우리가 지금까지 고찰한 바에 의하면, 주희의 격물치지론은 이상에서 제기된 문제의식을 좀 더 구체적으로 담아낼 수 있는 깊이와 폭을 가지고 있는 것으로 보인다. 격물치지론은 대립하는 양자의 산술적인 중점(middle point)을 넘어서서 언제나 주체가 처한 상황 안에서의 적합성(時中)을 목표로 한다. 그러기에 거기에는 어느 일방의 독주가 허용되지 않는다. 세계 안에 존재하는 모두가 주체의 자리에 설 수 있지만, 또한 그들 각자는 시·공을 씨줄과 날줄 삼아 짜여진 관계망 (text) 안에 있기에 항상 상호 구속적이다. 세상 만물의 존재 원리로서의 太極 혹은 理, 그리고 그것의 현신(revealment)으로서의 性에 절대적 권능이 주어졌다고 생각하는 순간 우리는 그것이 녹아들어가 있는(墮在) 현실적인 그릇인 氣를 만나게 된다. 전자가 절대성 내지 보편성을 지향한다면 후자인 氣는 상대성 내지 다양성의 토대가 된다(理通氣局). 격물치지론은 일상이라는 유학의 텍스트 안에서 우리들 각자가 존재 원리로서의 理의 의미를 해석해 내려는 적극적인 노력에 해당한다. 물론 주희는 이를 통하여 거시적으로는 당대의 문제를 해결하고, 미시적으로는 스스로를 성화시킬 수 있다고 믿었을 것이다. 그러나 공부론의 확립 과정을 통해서 살펴볼 때, 주희의 핵심적인 관심사는 성인의 권역에 이르는 것보다는 그것을 향한 공부의 과정 자체에 있었던 것으로 보인다. 그가 선불교의 공부론(一超直入)을 떠나 유가로 향하는 긴 여정을 시작한 것은 성인보다는 범인의 권역에 머물고자 했음을 말해 준다.

주희에 의하면, 세계는 인간의 인식을 기다리는 수동적 대상이 아니라 理라고 하는 스스로의 존재 원리에 의해 생성되고 운행된다. 우리 인간은 무한한 생명력의 원천인 理가 뿜어내는 음양의 조화, 즉 현실의 세계 속에서 그것을 체인해 내려고 노력한다. 따라서 세계는 완전한 형태로 우리 앞에 놓여진 것이 아니다. 우리들 각각은 일상적 삶에서 스스로의 한계를 극복하려고 끊임없이 노력함으로써, 차츰차츰 온전한 세계의 모습에 다가설 수 있다. 주희의 격물치지론은 '자족하는 세계'와 '한계를 지닌 인간'의 만남에 관심을 가진다는 점에서 근대적 인식론과는 근본적인 차별성을 지닌다. 즉 격물치지론의 중심부에는 세계 내의 존재 원리를 발견하려는 '인식론적 관심'보다는, 오히려 존재 원리와의 대면을 통해서 자신 안의 '본연의 바름(性)'을 회복하려는 '공부론적 관심'이 자리하고 있다고 볼 수 있다.

'공부론적 관심'은 '마음의 본질'에 관한 두 가지 가정을 전제로 한다. 우선 '마음'도 세계의 일부인 까닭에 존재 원리로서의 理를 품고 있다. 이것이 이른바 '本然之性'이다. 그러나 그것이 발현되기 위해서는 개인의 끊임없는 노력이 요구된다. 왜냐하면 '마음'은 '氣質之性'이라고 하는 현실적 한계와 한 몸을 이루고 있기 때문이다. '工夫', 즉 '修養'이라는 개념은 바로 '마음'의 이 두 가지 측면을 전제하지 않고서는 성립할 수 없다. 그러기에 인식론적 활동이 그 축을 이루는 궁리는 격물의 한 가지 요소일 수는 있어도, 그것의 전부일 수 없다고 보는 것이다. 격물은 단순히 外物의 이치를 이해하는 활동이 아니라, 스스로의 문제의식을 그 이치 안에서 풀어냄으로써 자신의 앎을 지극히 하는 것이다. 따라서 앎의 지극함은 단순히 외부 세계의 이치에 대한 객관적 탐구를 통해서가 아니라, 탐구 과정에 헌신하는 주체의 고민이 더해져서 이루어진다고 할 수 있다. 결국 이 점에서 격물치지론은 현대의 지식 교육에 대한 비판과 만날 수 있다. 사실 현대 교육이 당면하고 있는 가장 큰 문제 중의 하나인 앎과 삶의 괴리는 개인이 발을 딛고 서 있는 현실의 장을 인정하지 않는 근대적 지식론의 당연한 귀결이다. 그러나 주희의 격물치지론은 현실의 한계를 지닌 '개인의 마음'을 축으로 세계를 바라보고자 한다. 보다 적극적으로 그것은 일상의 생활 세계와 자연의 세계, 가치의 세계와 사실의 세계를 이어주는 새로운 다리를 놓고자 한다.[98] 그러기에 거기에는 처음부터 절대 주

---

98) 신유학적 사유 체계 내에서의 '세계'는 근대성이 상정하는 '세계'와는 근본적으로 다르다. M. C. Kalton은 신유학적 세계의 특징을 서양 철학적 사유에 대비하여 다음과 같이 설명한다. "유학자들은 物事(natural fact)와 人事(moral obligation)의 문제, 즉 존재와 당위의 문제를 엄격하게 구

체의 일방적인 독주가 허용되지 않는다. 물론 세계도 주체의 인식을 기다리는 단순한 객체가 아니라 스스로 말할 수 있는 가능성을 지닌 존재, 즉 주체와 마주 서 있는 또 하나의 주체가 된다. 따라서 격물치지론에서의 앎은 개별 주체와 세계의 끊임없는 대화, 즉 교호작용의 산물이며, 그러기에 처음부터 앎과 삶의 분리가능성은 존재하지 않는다. 양자 사이의 괴리는 교육을 오직 '하나의 완결된 의미'로서의 지식을 전수하는 과정으로 보는 근대적 교육 패러다임의 당연한 귀결이다. 교육의 과정에서 개별 주체인 학습자의 자리가 존재하지 않고, 오로지 객관적 의미의 생산자이자 소비자인 이성적 주체만이 요청된다면 현대 교육 안에서 발생하는 파열음은 점점 커지게 될 것이다.

다. 탈근대 교육과정학적 함의

> 지식은 중요하다. 그러나 그보다 훨씬 중요한 것은 지식이 어떻게 사용되느냐 하는 것이다. 이 문제는 전적으로 지식을 사용하는 사람의 마음에 달려 있다. (그러므로) 교육은 지식과 기능을 전수함으로써 자잘한 교육 목표들을 성취하는 일 따위와는 본질적인 차별성을 지닌다.[99]

교육은 '하나의 완결된 의미'로서의 지식을 전수하는 활동을 넘어선다는 탈근대 교육과정학의 문제의식은 하나의 절대적 해석을 부정하

분하지 않는다. …… 그들은 오히려 도덕의 눈으로 자연 세계를 바라보고자 한다. 유학자들은 자연, 예컨대 새들이나 짐승들은 물론 사계절의 순환에도 다소의 수준차이는 있지만 도덕성이 깃들어 있다고 본다." M. C. Kalton, "Extending the Neo-Confucian Tradition: Questions and Reconceptualization for 21st Century", 한국정신문화연구원, 『유교문화의 보편성과 특수성』(성남: 한국정신문화연구원, 1994), 104-105쪽.

99) Dalai Lama, *Ethics for the New Millennium*(New York: Riverhead Books, 1999), p.181.

고자 하는 현대 해석학의 흐름과 맞닿아 있다. 우리는 현대 해석학의 역사 속에서 인간의 삶에 대한 이해를 특수한 방향으로 제한시켜 온 종래의 지배적인 신학적·인식론적·형이상학적 전제들에 대한 자기 반성적 저항의 흐름을 발견할 수 있다.[100] 현대 해석학은 세계에 대한 해석을 독점해 온 과학적 방법론에 대한 근본적 비판을 통해서 새로운 이해의 지평을 열었다고 할 수 있다. 해석의 객관성, 절대성에 대한 부정은, 그동안 근대적 교육 패러다임의 토대로 작용해 온 이성적 주체, 기계론적 세계관, 진리의 보편성, 과학적 방법론 등에 부여된 정당성을 근본에서부터 의심할 것을 요구한다. 근대적 교육 패러다임의 뿌리에 해당하는 이러한 신념들에 대한 부정은 곧 교육을 보는 전통적인 시각에 대한 전면적인 재검토를 의미한다.

교육의 본질을 새롭게 규정하기 위해서 가장 먼저 주목해야 할 사실은 탈근대성에 의해 부각된 근대적 주체의 허구성 문제이다. 교육은 주체들 사이의 상호 작용을 전제로 하는 까닭에 주체의 본질 및 위상은 교육에 관한 제반 논의에서 항상 중심부에 위치하게 된다. 따라서 주체의 완전성에 대한 관념의 부정 및 새로운 주체를 다시 세우려는 일은 오늘날 탈근대 교육 패러다임의 핵심적인 과제가 된다. 두 번째로 주목해야 할 사실은 인간의 홀로 주체성이 부정되면서 주체 너머의 세계들이 저마다 제자리에 설 수 있는 가능성을 갖게 되었다는 것이다. 이제 세계는 투명한 이성에 의해 표상되기를 기다리는 기계론적 법칙의 총화가 아니라 스스로의 존재 원리에 따라 움직이는 '스스로 그러한 세계(自然)'가 된다. 이는 곧 주체와 세계의 관계망이 새롭게 엮여지게 됨을 말한다. 세 번째로 주목해야 할 사실은 어느 일방에 대

---

100) 오만석, "현대 해석학의 관점에서 본 교육적 의사소통의 과정", 허숙, 유혜령 편, 『교육현상의 재개념화』(서울: 교육과학사, 1997), 151쪽.

한 타방의 지배를 넘어서서 서로를 이어줄 수 있는 대화 언어의 성립 가능성 문제이다. 종래의 지식이 이성적 주체에 의해 일방적으로 환원된 세계의 모습이었다면, 새로운 관계망 안의 지식은 항상 주체가 자리한 시·공의 맥락에 바탕을 두게 된다.

탈근대 교육과정학의 화두는 절대적, 객관적 이성을 정점으로 축조된 근대적 교육 패러다임이 사라진 자리에 새로운 성채를 세우는 일이다. 그러나 주체의 자리도, 그와 마주서야 하는 세계의 모습도, 이들 양자를 이어주어야 하는 대화의 통로도 다만 빈 거푸집 상태로 남아 있다. 그러기에 아직 그들의 노력은 극단적 다원주의 내지 허무주의를 초래하였다는 비판에서 자유로울 수 없다. 이미 앞에서 밝힌 바와 같이 이 글은 탈근대의 문제의식에 공감하는 동시에 그 한계를 인정하면서 주희의 격물치지론을 통하여 이러한 문제들을 풀어갈 수 있는 실마리를 찾고자 하였다. 주희의 격물치지론은 주체 및 세계의 본질에 관한 이론(理氣心性論)을 토대로 이들 양자의 관계 맺음 방식을 '성인(sagehood)' 지향이라는 목표 의식하에 풀어간다. 그러기에 그것은 하나의 체계적인 교육과정 이론으로 자리매김되기에 손색이 없다. 특히 근대적 교육 패러다임 아래에서 이루어지는 '지식 교육'과는 다른 차원, 즉 '수양(self-cultivation)'의 코드에서 교육의 본질을 규정한다는 점에서, 지식의 전수 및 그 이용 가능성의 최대화에 주력해 온 현대 교육과는 근본적인 차별성을 지닌다고 할 수 있다. 이제 주체, 세계, 그리고 양자의 관계 맺음 방식이라는 세 가지 측면에서 격물치지론이 탈근대 교육과정학에 주는 시사점을 제시하면 다음과 같다.

첫째, 주희는 처음부터 인간이 욕망을 가진 존재라는 사실을 인정한다. 우주 안의 모든 생명 현상은 그것을 가능케 하는 다양한 계기들(氣 → 陰陽五行)의 결집체인 몸의 탄생에서 비롯된다. 물론 몸은 그러한 계기들을 끌어 모아 저마다의 정체성을 부여해 주는 원천으로서의 존재 원리(理 → 性)를 담고 있기도 하다. 그러므로 인간의 마음은 야누스처럼 때론 욕망의 주체이기도 하고, 때론 욕망의 올바른 행사를 독려하는 감독관이 되기도 한다. 생명이 죽음에 의해서만 사그라지듯이 욕망 또한 죽음에 의하지 않고서는 근본적인 제거가 불가능하다. 주희는 몸 안에서 주체의 완전성과 불완전성이 끊임없이 교호작용을 한다고 보지만 결국 현실적으로는 불완전성의 우세를 인정한다(氣强理弱). 그러기에 이를 극복하기 위한 치열한 공부가 요청되는데, 이에 대한 주희의 공부론적 장치가 바로 격물치지론이다. 주희는 욕망을 제거의 대상으로 보지 않고, 마음 안의 내적 제어 기준과 마음 밖의 존재 원리의 합일을 통해서 그것의 올바른 행사를 담보하고자 한다. 따라서 모든 공부는 항상 개별 주체의 불완전성과 특수성에서 출발한다. 사람마다 기질적으로 욕망의 종류와 강도가 다르고, 발을 딛고 선 시·공적 상황도 다르기 때문에 각자가 가지는 경험은 다양할 수밖에 없다.

그러나 현대 교육은 누구나 외적 세계에 대한 획일적인 인식 체제를 가졌다고 보는 이성적 주체 관념에서 출발한다. 따라서 교육은 늘 개별 주체의 삶과 동떨어져 있고, 교육의 과정에서 학습자의 자리는 항상 객관적 의미의 소극적인 수용자로, 교과서 내지 교사는 절대적 의미의 소유자로 자리하게 된다. 그 결과 파생되는 첫 번째 문제가 바로 현대 교육의 가장 심각한 병폐로 지적되고 있는 앎과 삶의 괴리 문제이다. 교육이 학생들의 삶의 영역에서 이탈한다는 것은 교육의 과정이 다만 지식을 매개로 한 교사-학생 사이의 상호작용에 그칠 뿐 학습자 내부의 질적 변화와 관계를 맺지 못함을 의미한다. 어쩌면 이 문제는 앞에서 여러 번 지적한 바와 같이, 근대적 교육 패러다임의 관심사 바깥에 있는 문제인지도 모르며, 따라서 이의 극복을 위한 어떠한 노력도 미봉책에 그칠 가능성이 크다고 하겠다. 두 번째 문제는 교과서 내지 교사를 지식의 절대적 의미의 소재로 봄으로써 생기는 부당한 권력의 행사 문제이다. 교육의 본질이 다만 객관적 지식을 전수하는 데 있다고 믿는다면 논란의 여지조차 없겠지만, 현대 해석학의 문제의식처럼 교육이 하나의 유일한 해석을 주고받는 과정이 아니라 학생들을 다양한 해석의 장으로 인도하는 것이라면 이는 실로 심각한 문제가 아닐 수 없다. 현대 교육에는 오직 '가르침의 차원'만 있을 뿐 '배움의 차원'이 존재하지 않는다는 비판은 바로 이 점을 지적한 것이다. 아무리 많은 내용을 가르치더라도 그것이 학습자의 '마음'과 조응하지 못한다면 헛된 수고에 그칠 뿐이다. 이 점에서 우리는 본 장(제4장)의 처음에서 제시한 『논어』 「위정」 편의 한 구절을 다시 음미해 볼 필요가 있다. "시경 삼백 편의 모든 가르침은 오직 하나로 모아지니, 마음에서 사악한 생각을 덜어내고자 함이니라(子曰, 詩三百, 一言以蔽之, 曰思無邪)."

둘째, 근대성의 이념은 세계를 객관적 이성에 의해 환원될 수 있는 기계론적인 법칙의 총화로 본다. 근대 과학은 이성으로 하여금 세계를 투명하게 읽어낼 수 있도록 해 주는 눈에 해당한다. 따라서 과학의 눈 안에서 객관적으로 수량화될 수 있는 세계만이 의미를 가진다. 눈 밖의 보이지 않는 세계는 애초부터 존재하지도 않으며, 오직 과학이라는 체를 통과한 세계만이 '지식'의 이름으로 그 지위를 인정받는다. 이제 과학적 지식은 자연 세계를 넘어 생활 세계에까지 침투하여 무한한 양적 확대를 꿈꾼다. 지식의 양적 확대를 통한 지배력의 증가는 곧 세계가 인간의 욕망 아래 놓이게 됨을 의미한다. 오늘날 자연과 인간이 함께 직면하고 있는 생태학적 위기는 스스로의 존재 원리보다는 과학적 방법론에 의해 왜곡된 모습을 진실로 받아들이고 있기 때문이다.

주희가 생각하는 세계는 '동일성'과 '차이성'이라는 두 가지 코드에 의하여 설명될 수 있다. 그는 '物'과 '事'라는 개념을 통해서 세계의 두 측면을 드러냄과 동시에 격물치지론을 통하여 두 세계를 회통시키려 했다. 物의 세계란 거칠게 말해서 자연 세계를 가리킨다. 자연 세계는 글자 그대로 스스로 그러한 세계, 즉 어떠한 절대 의지나 욕망의 개입도 허락되지 않는 '자족의 세계'이다. 그러한 세계에는 오직 천지 만물에 끊임없이 숨결을 불어 넣음으로써 저마다의 결(所以然之故)에 따라 존재케 하는 본연의 덕성만이 있을 뿐이다. 事의 세계는 우리가 살아가는 생활 세계, 즉 인간의 욕망이 끊임없이 넘치는 일상의 세계를 말한다. 주희는 이 事의 세계에까지 物의 세계를 연장시킴으로써 신유학의 새로운 장을 연다. 지금까지 다만 실천의 장이자 제어되어야 할 세계였던 일상의 세계는 주희에 이르러 새로운 세계로 거듭난다. 주희에 의하면 事의 세계도 物의 세계와 마찬가지로 본연의 바른 결(所當然之則)을 품고 있는 것으로 간주된다. 다만 인간의 마음이 욕망의 구속을 벗지 못해서 현실적으로 그것을 깨닫지 못할 뿐이다. 주희는 物과 事의 동일성을 강조함으로써 일상의 공부를 통하여 양자의 차이성을 극복하고 성인 됨이라는 유학의 이상을 실현할 수 있을 것이라고 믿었다. 격물치지론은 개별 주체 안에서 이 두 세계를 회통시키고자 하는 주희의 공부론적 장치인 셈이다.

근대적 교육 패러다임은 항상 동일성을 출발점으로 삼아 왔다. 개별 주체들은 다양한 수용 체제를 가졌다기보다는 객관적 이성의 소유자로 간주되어 왔고, 세계는 이성이라는 동일한 잣대에 의해 한 치의 오차도 없이 재단될 수 있다고 믿었다. 오늘날 현대 교육의 병폐로 지적되는 많은 것들은 현실적인 차이성을 동일성의 코드로 잘못 읽어 들임으로써 생기는 문제들이다. 그러나 공부의 실천적 과정으로서의 격물치지론은 항상 차이성에서 출발한다. 격물의 주체로서의 마음은 몸 안에 자리하기에 그것이 처한 시·공의 맥락에서 항상 자유롭지 못하다. 비록 격물의 핵심적인 요소인 궁리가 보편적인 존재 원리를 대면하기 위한 노력이라고는 하지만, 그것 역시 마음이 자리한 현실적인 조건에서 출발한다. 격물은 제3의 객관적인 내가 物·事에 다가서는 활동이 아니라 物·事의 장에 나를 던져 넣으려는 주체적인 노력을 통해서 존재 원리의 맥락적인 적합성을 체득하고자 한다. 따라서 격물의 모든 과정에서는 항상 주체의 차이성과 物·事의 동일성이 끊임없이 교호작용을 하게 된다. 격물치지론이 지식에 대한 투명한 이해를 추구하는 근대적 교육 패러다임을 넘어서서 '활연관통'으로 집약되는 지혜의 극치를 향한 노력이 되는 이유가 바로 여기에 있는 것이다.

  셋째, 격물치지는 세계에 대한 객관적인 탐구를 직접적인 목적으로 하지 않는다. 격물치지의 주체인 인간과 그 장으로서의 세계는 주체와 대상을 이원론적으로 갈라서 보는 근대적 인식론의 시각과는 분명하게 구분된다. 주희에 의하면, 인간과 세계는 존재론적으로 동일한 뿌리에서 나온다. 보편적 존재 원리인 理가 氣의 흐름을 타고 다양한 양상으로 현실화되어(理一分殊) 나타난 것이 바로 우주만물이다. 따라서 거기에는 처음부터 주체와 대상의 구분이 있을 수 없다. 다만 인간의 경우, 자연 세계와는 달리 각자의 기질에 자리한 욕망에 의해 理의 온전한 흐름이 방해를 받게 된다. 이것이 인간 세계의 온갖 부조리한 것의 원인이 된다. 격물치지는 바로 인간이 현실적인 기질의 속박에서 벗어나 본연의 성을 회복하는 길을 제시한다. 격물치지는 마음의 안과 밖에서 이루어지는 공부 모두를 지칭한다. 마음 안의 공부란 '덜어냄의 공부'로서 기질의 한계를 극복하고 본연의 성을 고양시키려는 노력을 말한다(尊德性). 마음 밖의 공부는 '보탬의 공부'로서 자연 및 일상 세계에 흐르는 존재 원리를 포착하여 자기 안에서 반추해 내려는 노력이다(道問學). 그러나 공부의 실제적인 과정에서 보면 양자는 끊임없이 넘나들면서 서로를 상승시키는 까닭에 그들을 구분하는 것 자체가 무의미해진다.

현대의 학교 교육은 교육과정을 통하여 학생들의 삶과는 동떨어진 수많은 지식들을 가르친다. 학생들은 그들이 왜 학교의 교과를 배워야 하는지 그 이유도 모른 채 매일 배우고 또 시험을 치른다. 교사들 또한 자신들이 가르치는 내용이 모종의 객관적 가치를 담고 있을 것이라는 낭만적 믿음 아래 학생들을 몰아세운다. 그러나 학교에서 가르치는 지식의 상당 부분은 그 이용 가능성이라는 측면에서라면 몰라도, "교육하는 본래적 이유가 무엇인가?"라는 질문에 대한 답과는 하등의 논리적 관련이 없다. 그럼에도 불구하고 현대 교육은 항상 학생들의 내재적 변화 가능성을 들어 그들의 활동을 정당화하고자 한다. 그러나 격물치지론에 대한 분석이 시사하듯이 과학적 방법론의 산물로서의 지식을 가르치는 일과 교육이 추구해야 할 본연의 목적을 성취하는 일은 근본적으로 다른 지평에 서 있다. 물론 지식을 가르치는 일이 학교의 가장 중요한 기능의 하나인 것은 틀림없지만, 적어도 그것에 버금가는 또 다른 기능이 있음이 망각되어서는 안 된다. 이제 탈근대 교육과정학은 교육과정의 개발과 그것의 효율적인 전수라는 미시적 관심에서 벗어나 또 다른 교육 본연의 기능을 담아낼 수 있는 교육 체제에 대한 근본적인 고민을 시작해야 할 것이다.

V. 결론 : 교육과정학의 새로운 전망

우리는 교육과정(curriculum)의 본질을 재개념화해야만
한다. 교육과정은 미리 설계된 일련의 계획 혹은 가르쳐
야 할 이데올로기들이 아니라, 교육의 과정(the process
of education) 전반에 임재(hovering)해 있으면서 그것에
방향과 의미를 부여해 주는 모종의 이미지로 이해되어야
한다. 교육과정의 본질을 특정한 개념의 감옥에서 해방시
킨다는 것은 교육과정사의 주도적 흐름에 맞서는 것에 다
름이 아니다. 곧 그것은 고정된 구체적 교육 목적에 따라
교육을 통제하고 맞춰온 전통과의 투쟁을 의미한다.[1]

1) W. E. Doll, Jr. & N. Gough(Eds.), *Curriculum Vision*
   (New York: Peter Lang, 2002), pp.23 – 24.

1. 요 약

이 글의 문제의식은 근대적 주체 개념에 대한 근본적 회의에 바탕을 두고 있다. 인간만이 세계를 남김없이 표상할 수 있는 온전한 이성의 소유자여야 한다는 생각은 데카르트 이후 서양 철학의 오랜 신념이었다. 지식이란 마음이 가지고 있는 이성적 능력에 의해 세계를 대상화시킨 결과물인 동시에, 이성의 투명한 행사를 가로막는 장애물들을 걷어낼 수 있는 매개체로 간주되어 왔다. 이러한 신념하에서의 교육은 지식에 대한 명료한 이해에 도달할 수 있도록, 그리고 그것을 기반으로 새로운 지식을 생성해 내도록 고무시키는 것이다. 지금까지 교육의 관심이 오직 지식의 객관적 의미에 대한 이해를 극대화시키기 위한 미시적·방법론적 활동에 국한되어 온 것은 바로 이러한 이유 때문이다. 그러나 이성의 작용에 의해서 '하나의 완결된 지식'의 창출이 가능하다는 신념을 유보하고, 개별 주체의 적극적 해석 행위를 지식의 한 의미로 받아들인다면 '교육'의 본질 또한 새롭게 규정되어야 한다. '가르침의 차원'뿐만 아니라 '배움의 차원'도 교육의 중심축에 놓일 수 있으며, 그것은 '교육의 과정'에서 개별 주체가 적극적인 의미 생성자로 참여할 수 있음을 의미한다.

이상의 문제의식을 풀기 위하여 이 글에서는 주희의 격물치지론에 주목하였다. 주희의 격물치지론은 '이해'가 아닌 '체득'이라는 차원에서 교육을 새롭게 볼 것을 요구한다. '체득'은 나와 세계의 본질, 그리고 이들 양자의 대화 언어로서의 지식에 관한 새로운 가정을 기반으로 하고 있다. 우선 제1장에서는 전통적인 교육과정이론이 근대성을 기반으로 하고 있음을 살펴보았다. 근대성은 보편적 이성에 의해 객관적, 절대적 지식의 창출이 가능하다고 본다. 그러나 인간은 수많은 현실적 한계를 지닌 존재이다. 따라서 객관적 의미의 생성자도 아니요, 그러한 의미의 맹목적인 수용자일 수도 없다. 현대 교육의 가장 심각한 문제의 하나인 앎과 삶의 근본적인 괴리는 바로 근대적 지식관을 교육의 영역에 그대로 수용함으로써 빚어진 문제이다. 제2장에서는 탈근대적 시각에서 현대의 교육과정이 당면하고 있는 문제 및 그 성격을 규명해 보고, 이를 토대로 교육과정 분야가 새로운 패러다임을 필요로 하고 있음을 살펴보았다. 제3장에서는 주희의 사상 체계의 두 축인 '마음에 관한 이론'과 '세계에 관한 이론'을 그의 사상적 여정을 따라 살펴봄으로써 격물치지론 해석의 기반을 마련하였다. 주희가 격물치지론을 통하여 풀어내고자 했던 핵심적인 문제는 인간과 세계의 본질, 그리고 이들 양자의 관계 맺음 방식에 관한 것이다. 제4장에서는 먼저 주희의 공부론적 문제의식을 살펴봄으로써 주희 사상의 전체적인 구조 속에서 격물치지론의 위치를 알아보았다. 이어서 격물치지론의 구조 및 성격에 대한 본격적인 분석 작업을 시도하였다. 일단 격물의 주체인 마음은 투명한 이성이 아닌 완전성과 불완전성을 동시에 품고 있다는 점, 세계는 기계론적 법칙의 총화가 아니라 자기 안의 존재 원리에 따라 스스로 움직인다는 점, 치지는 어느 일방의 타방에 대한 횡포가 아니라 양자 사이의 내밀한 교호작용의 산물이라는 점, 격물과 치지는 새의 양 날개처럼 결코 하나로는 갈 수 없는 까닭에 양자를 구분하는 것은 현실적으로 불가능하다는 점 등을 밝혔다. 이에 터하여 우리는 격물치지는 개별 주체로서의 나와 세계가 서로 본연의 모습을 주체적으로 드러내어 만나는 과정이며, 그 완성의 드라마가 바로 활연관통임을 강조하였다. 제4장의 마지막 작업은 격물치지론이 탈근대 교육과정 담론에 의해 제기된 비판들을 여하히 담아낼 수 있는가 하는 문제를 화두로 삼았다. 이러한 작업을 통하여 우리가 얻은 확신은 격

물치지론이 새로운 주체의 모색, 주체와 세계의 관계 맺기, 그 산물로
서의 지식의 본질 등, 해체 이후의 모습에 대한 나름대로의 독자적인
가정을 품고 있다는 것이다. 우리는 이러한 가정들을 탈근대의 문제의
식에 비추어 재해석함으로써 현대 교육에 대한 몇 가지 시사점을 제
시하였다.

2. 전망과 과제

현대 교육은 학생들을 고도로 정련된 지식과 기능의 소유자로 만드
는 데는 성공했지만 그것을 올바로 쓸 수 있는 마음을 길러주는 데는
실패했다는 지적이 많다. 교육이 "도덕적 백치(moral idiots)인 지적 괴
물(technical giants)을 양성하는 데 그치고 있다는 비판"[1]은 이제 상
징적 언명을 넘어 하나의 현실로 자리해 가고 있는 실정이다. 그럼에도
불구하고 현대 교육의 큰 틀은 근본적인 변화에 대한 요구에서 늘 한
걸음 비켜 서 있었다. 지식을 불변의 正典으로 여기고, 교육을 지식의
전달 및 그 이용 가능성의 최대화라는 명제에 묶어 놓는다. 교육이라는
생산라인에서 주어진 잣대와 한 치의 오차라도 생기면 불량품이 생산
될 것이라고 생각한다. 그러기에 거기에는 자기 정화라는 동력보다는
방법적 효율성의 극대화가 최고의 가치가 된다. 많이 배움과 적게 배움
은 오직 양적 차이에 불과할 뿐, 질적인 차이를 의미하지는 않는다. 이
계학에 의하면, 현대 교육의 병폐는 패러다임 전환이 이루어지지 않고

---

1) G. Debrock, "Physical Science and Moral Confusion," J. R. Meyer(ed.), *In
Reflections on Values Education* (Waterloo: Wilfrid Laurier University
Press, 1976), pp. 4–5.

서는 결코 해결될 수 없는 문제이며, 이러한 맥락에서 단지 방법론적 오류를 극복함으로써 그 해결책을 찾으려는 지식 교육의 흐름 역시 하나의 지적 낭만주의에 불과하다고 비판한다.[2]

이제 현대 교육은 지식의 전수 내지 그것의 이용 가능성의 증대라는 목표를 조심스럽게 재고해 볼 필요가 있다. 사실 오늘날 하나의 화두로 대두되고 있는 '공교육의 위기' 및 그 해법 또한 이 문제와 밀접한 관련이 있다. 어찌 보면, 오늘날의 학교 교육은 교육을 향한 다양한 요구를 수용할 수 있는 근본적인 능력을 상실한 것인지도 모른다. 비탄력적 교육과정, 낙후된 시설, 경직된 교사-학생의 관계, 비효율적인 교육 행정 체제, 그리고 왜곡된 교육열에 갇힌 학교에 끊임없이 새로운 요구를 하는 것 자체가 무리라고 할 수 있다. 학교 교육이 위기에서 벗어나기 위해서는 학교 교육에 쏟아지는 다양한 요구들을 분산시킬 필요가 있다. 좀 더 전향적으로 지금까지 학교가 수행해 왔던 기능의 상당 부분을 대체적인 학습 체제에 이양시킬 필요가 있다. 학교의 기능 분산과 관련하여 드러커(P. F. Drucker)는 다음과 같은 구체적인 제안을 한다.

> 기술 혁명은 이미 교육을 뒤바꾸어 놓고 있다. 기술 혁명은 수십 년 내에 우리가 배우는 방식, 그리고 심지어 가르치는 방식마저도 바꾸어 놓을 것이다. …… 우리들은 탈자본주의사회와 지식 사회의 현실에 대해 대략 윤곽만이지만 해답을 제시해 줄 수 있는 교육 방식과 학교 제도를 위한 청사진은 그릴 수 있다. 새로운 교육 방식과 학교 제도에 관한 청사진은 지금 '현대' 학교에서 존재하는 그런 것들과는 전혀 다른 것을 요구한다. …… 교육 활동은 더 이상 학교만의 전유물이 될 수 없다. 탈자본주의사회의 교육은 사회 전체로 스며들어야 한다.[3]

---

2) 이계학 외, 『인격 확립의 초월성』 (화성: 청계출판사, 2001), 40-41쪽.

드럭커가 지적하고 있는 바와 같이, 금세기의 눈부신 정보 통신 기술의 발달은 대체적인 학습 체제의 구축을 충분히 현실화시킬 수 있다. 그러나 이 글에서 제안하고자 하는 학교의 기능 분산에 대한 문제 제기는 '효율적인 지식 산업 체제의 구축'이라는 드럭커의 관심사와는 전혀 다른 차원의 것이다. 그것은 다른 것이 아니라, 학교의 기능 분산을 통해서 좀 더 교육 본연의 목적을 충실하게 수행하자는 것이다.

사실 교육에 대한 국가 및 사회의 요구는 처음부터 그 실현 자체가 불가능한 것이거나 단기간에 눈에 띄는 성과를 낼 수 없는 것들이 많다. 파이너에 의하면, 이러한 요구들이 점점 강해지는 것은 교육을 희생양으로 삼아 당면한 위기를 넘기려는 세력이 존재하기 때문이다. 그들은 문제의 본질적인 해결보다는 자신들의 실책을 은폐하려는 데 관심이 있는 까닭에 교육이 처하게 될 위기 따위에는 관심이 없다.[4] 오직 책무성이라는 올가미를 씌워서 교육을 통제하고자 할 뿐이다.[5] 그러므로 교육에서 실질적인 변화가 가능하기 위해서는 먼저 교사들이 잘못된 교육의 악몽에서 깨어나 교육과정의 주도권을 회복하는 것이 필요하다고 말한다.[6] 파이너는 다시 그 자신을 포함한 우리들에게 다음과 같은 질문을 던진다.

---

3) P. F. Drucker, *Post-Capitalist Society*, 이재규 역, 『자본주의 이후의 사회』 (서울: 한국경제신문사, 1993), 285쪽; 290-291쪽.
4) W. F. Pinar, What is *Curriculum Theory?* (N. J.: Lawrence Erbaum, 2004), p.xi.
5) 교육을 정치적, 사회적 책무성에 가두려는 사고는 그 뿌리가 매우 깊고 널리 퍼져 있다. 교육은 미래 사회에 유용한 인간을 길러내는 데 주력해야 한다(제1장 주14 참고)는 이해찬 전 교육부 장관의 견해나, 부시(G. W. Bush) 미국 대통령이 텍사스 주지사 시절 밝힌 다음과 같은 견해 등은 그 단적인 예라고 할 수 있겠다. "대학은 학생들에 대한 책임을 가지고 '시대에 걸맞게(timely fashion)' 이들을 졸업시켜야 한다." 위의 책, p.232.
6) 위의 책, p.5.

　　왜 학교 교사들과 교과 전문가인 우리들은 우리가 가르치는 것에
주도권을 가지지 못하는 이상한 상황이 벌어졌는가? 그리고 정치가와
다른 이들이 왜 주도권을 잡게 되었는가? 바로 이 상황에서 정치가와
다른 이들은 학교 교사들을 전에 없었던 '표준화'나 '결과물'을 가지고
모욕하려 하는가?[7]

　　주도권 회복은 결국 힘의 이동을 의미한다. 그러나 파이너가 말하
는 교육과정에서의 주도권 회복은 비단 힘의 회복만을 의미하지는 않
는다.[8] 그것은 보다 적극적으로 우리들 스스로가 교육과정에 대한 새
로운 그림을 그릴 수 있게 됨을 의미한다. 이는 곧 교육과정사의 주도
적 흐름에 맞서 교육과정의 본질을 재개념화해 나가는 일이기도 하다.
이제 교육과정학의 핵심적 질문, 즉 '무엇을, 왜, 어떻게 가르칠 것인
가?' 하는 명제는 그 자리를 내주어야 할지도 모른다. 돌(W. E. Doll,
Jr.)이 강조하고 있는 바와 같이, 교육과정은 미리 설계된 일련의 계
획 혹은 가르쳐야 할 이데올로기들이 아니라 교육의 과정 전반에 자
리한 모종의 이미지로 이해될 필요가 있다. 교육의 본질을 다시 어떻

---

7) 위의 책, p.197.

8) 이 점과 관련하여 우리는 '공교육 정상화'라는 외침이 가지는 의미를 신중
하게 검토해 볼 필요가 있다. 피상적으로 보면, 공교육 정상화는 힘의 소
재를 사교육 체제에서 학교라는 공교육 체제로 돌려놓자는 주장으로 받아
들여진다. 아울러 대학 입시라는 제도적 장치를 통하여 거기에 강력한 힘
을 싣고자 한다. 그러나 필자가 보기에 힘의 이동이라는 빈 거푸집만으로
는 '공교육 정상화'라는 열망이 지탱될 수 없다. 기존의 패러다임에서 새
로운 패러다임을 향한 이행의 아무런 징후도 없이 어느 날 갑작스럽게 변
화가 찾아오지는 않는다. 진정한 공교육 정상화는 공교육 안에서 근대성
의 낡은 옷들을 벗어 던지려는 내재적 변화를 동반해야 가능하다. 의미가
고정된 교과서와 경직된 교사-학생의 관계, 획일적인 정답과 서열화에
바탕을 둔 닫힌 패러다임을 통해서 열린 지성을 기를 수 있다는 믿음은
심각한 모순이 아닐 수 없다. 탈근대 교육과정학의 문제의식이 오늘날 한
국 교육에 더욱 절실한 이유가 바로 여기에 있지 않을까 생각한다.

게 정의하든 교육이라는 활동의 핵에 자리하고 있는 것은 교사-학생 사이의 만남이다. 탈근대 교육과정학은 바로 이들의 만남의 방식에 관한 '새로운 제안'에 해당한다. '지식의 효율적인 전수'가 현대의 학교교육에서 결코 포기될 수 없는 열망이라 할지라도, 그 과정에서 혹은 그에 앞서서 반드시 존중되어야 하는 것이 있다. 그것은 다른 것이 아니라 학생과 교사가 '개별 주체'로서 만나 서로의 지평을 공유하려는 노력이다. 이러한 구도에서 보면, 교육과정학은 타일러식의 논리에 따라 목표를 설정하고, 내용을 조직하며, 그 성취 여부를 평가하는 일을 넘어선다. 탈근대 교육과정학의 사명은 두터운 교과서를 만드는 일이 아니라 교사와 학생이 서로를 가르는 강을 건널 수 있는 다양한 '은유의 배'를 만들어가는 일이 될 것이다. 교육의 과정에서 은유들을 공유하는 일은 교사와 학생의 지평에서 나오는 스펙트럼을 각각 씨실과 날실로 삼아 교육이라는 새로운 텍스트를 짜는 일인지도 모른다. 바로 이 지점에서 우리는 다시 주희를 돌아볼 필요가 있다. 격물치지론은 교육과정 현상에 숨어 있는 수많은 은유들을 근대성과는 다른 방식으로 볼 수 있음을 시사해준다. 특히 격물치지론의 뼈대를 이루는 이기심성론 전반을 관통하는 동일성과 차이성의 코드는 주체와 세계의 본질, 그리고 이들 양자의 관계 맺음 방식을 새롭게 보고자 하는 탈근대 교육과정학의 중요한 기반이 될 수 있을 것이다.

參考文獻

1. 古典資料

孔子文化大全編輯部, 『性理大全』, 山東友誼書社出版.

郭齊・尹波 點校, 『朱熹集』, 四川敎育出版社, 1996.

『論語』, 대전: 學民文化社 影印, 1990.

『大學・中庸』, 대전: 學民文化社 影印, 1990.

『頭註御定朱書百選』, 서울: 旿晟社 影印, 1985.

『孟子』, 서울: 保景文化社 影印, 1984.

『四書集註』, 서울: 保景文化社 影印, 1983.

孫希旦(淸) 撰, 沈嘯寰・王星賢 點校, 『禮記集解』, 北京: 中華書局, 1998.

宋時烈 編, 『朱子大全箚疑』, 서울: 保景文化社 影印, 1984.

『心經・近思錄』, 서울: 保景文化社 影印, 1986.

黎靖德(宋) 編, 『朱子語類』, 臺北: 中華書局, 1983.

陸九淵 撰 『象山語錄』; 王守仁 撰 『陽明傳習錄』, 上海: 上海古籍出版社, 2000.

李英裕, 『朱書百選訓義』.

李滉, 『朱子書節要』.

程顥・程伊 撰 『二程遺書』, 上海: 上海古籍出版社, 2000.

『退溪全書 23-26』, 서울: 退溪學研究院, 1989.

2. 國內書 및 論文

강영안, 『주체는 죽었는가』, 서울: 문예출판사, 1996.

고형일, 『근대화, 정보화, 그리고 한국교육』, 서울: 교육과학사, 1996.

교육부, 『초·중등학교 교육과정 개정』, 1997. 12.

교육부, "고교 시절의 노력이 일생의 절반을 결정한다", 『교육월보』, 통권 제197호, 1998.

길희성 외 4인, 『전통·근대·탈근대의 철학적 조명』, 서울: 철학과 현실사, 1999.

김길락, 『상산학과 양명학』, 서울: 예문서원, 1995.

김도기, "조선조 유학에 있어서 인식이론에 대한 연구: 대학의 격물치지설을 중심으로", 성균관대학교대학원 박사학위논문, 1986.

김무길, "존 듀이의 지식론과 Transaction에 관한 연구", 성균관대학교대학원 박사학위논문, 2000.

김무길, "듀이 교육이론에 나타난 '지식교육'의 위상: '인식론적' 문제의 재고찰", 『교육철학』, 제37집, 서울: 교육철학회, 2006, 7-27쪽.

김미영, "주희의 불교비판과 공부론 연구", 고려대학교대학원 박사학위논문, 1998.

김복영 옮김, 『교육과정과 포스트모더니즘의 시각』, 서울: 교육과학사, 1997.

김복영 외 7인 옮김, 『교육과정 담론의 새 지평』, 서울: 원미사, 2001.

김석진, 『대산대학강의』, 서울: 한길사, 2000.

김승혜, 『유교의 뿌리를 찾아서』, 서울: 지식의 풍경, 2001.

김승호, "스콜라주의 교육목적론", 서울대학교대학원 박사학위논문, 1996.

김영환, "주희 철학의 마음 개념에 대한 비교철학적 연구", 서울대학교대학원 박사학위논문, 2000.

김재희 엮음, 『신과학 산책』, 서울: 김영사, 1994.

김종서 외 3인, 『교육과정이론』, 서울: 한국방송통신대학교출판부, 1995.

김학주 譯註, 『大學』, 서울: 서울대학교출판부, 1995.

김형효, 『데리다와 노장의 독법』, 성남: 한국정신문화연구원, 1994.

김형효 외 4인, 『퇴계의 사상과 그 현대적 의미』, 성남: 한국정신문화연구원, 1997.

김혜숙 편, 『포스트모더니즘과 철학』, 서울: 이화여자대학교출판부, 1995.

勞思光, 정인재 역, 『중국철학사(송명편)』, 서울: 탐구당, 1987.

데카르트, 김형효 역, 『방법서설, 성찰, 정념론, 철학의 원리 외』, 서울: 삼성출판사, 1982.

목영해, 『후현대주의 교육학』, 서울: 교육과학사, 1994.

미우라 쿠니오, 김영식·이승연 옮김, 『인간 주자』, 서울: 창작과비평사, 1996.

박정호 외 3인 엮음, 『현대 철학의 흐름』, 서울: 도서출판 동녘, 1996.

박영은 외 4인, 『한국의 근대성과 전통의 변용』, 성남: 한국정신문화연구원, 1999.

박헌순, 『四書索引』, 서울: 도서출판 신서원, 1992.

서울대학교동양사학연구실 편, 『강좌중국사Ⅲ』, 서울: 지식산업사, 1989.

성백효 역주, 『小學集註』, 서울: 전통문화연구회, 1993.

소경희, "현대교육과정이론에 나타난 지식관의 문제", 이화여자대학교대학원 박사학위논문, 1995.

손영식, "송대 신유학에서 철학적 쟁점의 연구", 서울대학교대학원 박사학위논문, 1993.

송영배, "세계화 시대의 유교적 윤리관의 의미", 한국철학회, 『철학』, 제62집, 2000. 봄, 5-30쪽.

송재운, 『陽明哲學의 硏究』, 서울: 도서출판 思社硏, 1995.

시마다 겐지, 김석근·이근우 옮김, 『주자학과 양명학』, 서울: 도서출판 까치, 1986.

신차균, "자유교육관 연구", 서울대학교대학원 박사학위논문, 1989.

梁啓超, 이계주 역, 『중국고전학입문』, 서울: 형성사, 1995.

양미경, "질문의 교육적 의의와 그 연구 과제", 서울대학교대학원 박사학위논문, 1992.

양승무 외 6인, 『宋代心性論』 서울: 도서출판 아르케, 1999.

黎靖德, 허탁·이요성 옮김, 『朱子語類 1, 2』, 성남: 청계, 1998.

黎靖德, 허탁·이요성·이승준 옮김, 『朱子語類 3, 4』, 수원: 청계, 2001.

오만석, "학교 교육과정 변천의 현대적 조명", 안귀덕 외 3인, 『한국 현대 교육의 재조명』, 성남: 한국정신문화연구원, 1993, 97-156쪽.

_____, "현대 해석학의 관점에서 본 교육적 의미소통 과정", 허숙, 유혜령 편, 『교육현상의 재개념화』, 서울: 교육과학사, 1997, 145-200쪽.

_____, "한국인의 교육열에 대한 사회문화적 이해", 오만석 외 4인, 『교육열의 사회문화적 구조』, 성남: 한국정신문화연구원, 2000, 187-219쪽.

王陽明, 정인재·한정길 역주, 『傳習錄』, 화성: 청계, 2001.

요한네스 힐쉬베르거, 강성위 옮김, 『서양 철학사, 하권』, 대구: 이문출판사, 1987.

유인희, 『주자철학과 중국철학』, 서울: 범학사, 1980.

유재봉, "교육철학의 새로운 패러다임: '사회적 실제에의 입문으로서의 교육'", 『대전환기의 교육 패러다임(Ⅰ)』, 서울: 한국교육학회, 2000, 15-35쪽.

유한구, 『교육인식론 서설』, 서울: 교육과학사, 1989.

윤평중, 『푸코와 하버마스를 넘어서』, 서울: 교보문고, 1990.

윤효녕 외 3인, 『주체 개념의 비판』, 서울: 서울대학교출판부, 1999.

이강대, 『주자학의 인간학적 이해』, 서울: 예문서원, 2000.

이계학 외 4인, 『덕성함양의 전통적 방법론』, 성남: 한국정신문화연구원, 1998.

이계학 외 3인, 『인격확립의 초월성』, 화성: 청계출판사, 2001.

이기동 옮김, 『近思錄』, 서울: 홍익출판사, 1998.

이돈희, "대전환기의 교육 패러다임: 공교육 제도의 위기와 대응", 2000년도 한국교육학회 춘계학술대회 기조강연문, 2000. 6. 2.

이동술 편, 『註解語錄總覽索引』, 서울: 여강출판사, 1992.

이동희, "주자의 대학장구에 대한 연구: 격물설을 중심으로", 동학철학연구회 편, 『중국철학사상논구1』, 서울: 여강출판사, 1986, 267-290쪽.

이승환, 『유가사상의 사회철학적 재조명』, 서울: 고려대학교출판부, 1998.

이재준, "주희 격물치지론의 교육과정학적 해석", 한국교육과정학회, 『교육과정연구』, 제18권 제2호, 2000, 121-135쪽.

이종태, “근대교육의 기본 가정과 그 변화에 관한 시론적 해석”, 한국교육학회, 『대전환기의 교육 패러다임(Ⅰ)』, 2000년도 춘계학술대회 논문집.

이주행 외 4인 옮김, 『朱子語類』, 서울: 소나무, 2001.

이홍우, 『교육과정탐구』, 서울: 박영사, 1977.

임헌규, “유가의 심성론 연구”, 한국정신문화연구원 한국학대학원 박사학위논문, 1999.

장상호, 『학문과 교육(하)』, 서울: 서울대학교출판부, 2000.

錢穆, 이완재·백도근 역, 『주자학의 세계』, 대구: 이문출판사, 1989.

정상봉, “주희의 격물치지와 경공부”, 한국철학회, 『철학』, 제61집, 1999. 겨울, 5-25쪽.

정약용, 이을호 역, 『정다산의 大學公議』, 서울: 명문당, 1974.

정인보, 『陽明學演論(外)』, 서울: 삼성미술문화재단, 1972.

정조대왕 選, 주자사상연구회 역, 『朱書百選』, 서울: 도서출판 혜안, 2000.

정해창 외 4인, 『동서양의 인식이론』, 성남: 한국정신문화연구원, 1999.

조화태, “후기현대철학과 교육의 새로운 비전”, 서울대학교사범대학교육학과, 『교육이론』, 제6권 제1호, 1991. 114-141쪽.

중국철학연구회, 『논쟁으로 보는 중국철학』, 서울: 예문서원, 1994.

陳淳, 김영민 옮김, 『北溪字義』, 서울: 예문서원, 1993.

陳榮捷, 표정훈 옮김, 『주자강의』, 서울: 푸른역사, 2001.

최봉영, 『주체와 욕망』, 서울: 사계절출판사, 2000.

______, 『본과 보기 문화이론』, 서울: 지식산업사, 2002.

최진덕, “주자의 중화신설과 경의 공부론”, 철학연구회, 『철학연구』, 제51집, 2000. 겨울, 21-43쪽.

피터스, R. S., 이홍우 역, 『윤리학과 교육』, 서울: 교육과학사, 1981.

한국동양철학회 편, 『동양철학의 본체론과 인성론』, 서울: 연세대학교출판부, 1982.

한국하이데거학회 편, 『하이데거와 근대성』, 서울: 철학과현실사, 1999.

한국해석학회 엮음, 『해석학은 무엇인가』, 서울: 지평문화사, 1995.

한국해석학회 편, 『해석학의 역사와 전망』, 서울: 철학과현실사, 1999.

한정길, "왕양명 심학의 학문 방법론", 『동양철학연구』, 제15집, 1995, 231－253쪽.

한형조, "이기 패러다임의 철학적 전망", 한국정신문화연구원, 『제9회한국학 국제학술회의 논문집』, 성남: 한국정신문화연구원, 1996, 205－224쪽.

홍원식, "程朱學의 居敬窮理說 연구: '지의 행으로 이행'을 중심으로", 고려대학교 대학원 박사학위논문, 1991.

홍은숙, 『지식과 교육』, 서울: 교육과학사, 1999.

황규호, "다문화사회에서의 자유교육의 성격", 서울대학교사범대학교육학과, 『교육이론』, 제7－8권 제1호, 1994, 177－207쪽.

황금중, "주자의 공부론 연구", 연세대학교대학원 박사학위논문, 2000.

3. 中國書

牟宗三, 『心體與性體 三』, 台北: 正中書局, 1983.

方彦壽, 『朱熹書院與門人考』, 上海: 華東師範大學出版社, 2000.

束景南, 『朱子大傳』, 福建教育出版社, 1992.

吳 康, 『宋明理學』, 臺北: 華國出版社, 民國66.

王懋竑, 『宋朱子年譜』, 臺灣商務印書館, 民國71.

錢 穆, 『朱子新學案 第一冊～第五册』, 台北: 三民書局, 1971.

田 浩, 『朱熹的思維世界』, 台北: 允晨文化實業股份有限公司, 1996.

中國孔子基金會 編, 『中國儒學百科全書』, 北京: 中國大百科全書出版社, 1997.

陳榮捷, 『朱熹』, 東大圖書公司, 1990.

陳 來, 『朱子書信編年考證』, 上海人民出版社, 1987.

______, 『朱熹哲學研究』, 中國社會科學出版社, 1988.

蔡元培, 『中國倫理學史』, 北京: 東方出版社, 1996.

候外廬·邱漢生·張豈之, 『宋明理學史 上, 下』, 北京: 人民出版社, 1997.

4. 西洋書 및 論文

Biesta, Gert J. J., "Pedagogy Without Humanism: Foucault and the Subject of Education", *Inter Change*, Vol.29, No.1, The Netherlands, Dordrecht: Kluwer Academic Publishers, 1998, pp.1-16.

Boyd, W., *The History of Western Education*, 이홍우·박재문·유한구 옮김, 『서양교육사』, 서울: 교육과학사, 1994.

Bruner, J. S, *The Process of Education*, Harvard University Press, 1978.

Cherryholmes, Cleo H, *Power and Criticism: Poststructural Investigation in Education*, 박순경 옮김, 『탈구조주의 교육과정 탐구』, 서울: 교육과학사, 1998.

Chung Tsai-chun, *The Development of the Concepts of Heaven and of Man in the Philosophy of Chu Hsi*, Taiwan: Institute of Chinese Literature and Philosophy, 1993.

Dalai Lama, *Ethics for the New Millennium*, New York: Riverhead Books, 1999.

Debrock, G., "Physical Science and Moral Confusion", J. R. Meyer(ed.), *In Reflections on Values Education*, Waterloo: Wilfrid Laurier University Press, 1976.

Doll, Jr., W. E., *A Post-Modern Perspective on Curriculum*, New York: Teachers College, Columbia University, 1993.

Doll, Jr., W. E., & Gough, N.(Eds.), *Curriculum Vision*, New York: Peter Lang, 2002.

Drucker, P. F., *Post-Capitalist Society*, 이재규 역, 『자본주의 이후의 사회』, 서울: 한국경제신문사, 1993.

Gallagher S., *Hermeneutics and Education*, New York.: State University of New York Press, 1992.

Gadamer, Hans-Georg, *Truth and Method*, New York: Crossroad, 1982.

Griffin, D. R. et al., *Founders of Constructive Postmodern Philosophy*,

New York: State University of New York Press, 1993.

Giroux, H. A., Penna, A. N., Pinar, W. F., Eds. *Curriculum and Instruction*, 한준상·김종량·김명희 옮김, 『교육과정논쟁』, 서울: 집문당, 1988.

Hirst, P. H., "Liberal Education and the Nature of Knowledge", Peters, R. S.(ed.), *The Philosophy of Education*, London: Oxford University Press, 1973.

Jencks, C., *What is Post-Modernism?*, 청람번역팀 옮김, 『포스트모더니즘이란 무엇인가?』, 서울: 청람, 1995.

Kalton, M. C., "Extending the Neo-confucian Tradition: Questions and Reconceptualization for the 21st Century", 한국정신문화연구원, 『유교문화의 보편성과 특수성』(성남: 한국정신문화연구원, 1994), pp.95-120.

Kant, I., *Über Pädagogic*, Churton, A.(trans.), *Education*, The University of Michigan Press, 1960.

Kim, Jong Gun, "Paul H. Hirst's Curriculum: An Evaluation", Ph. D. dissertation, The University of Texas at Austin, 1982.

Kuhn, T. S., *The Structure of Scientific Revolutions*, Chicago: The University of Chicago Press, 1970.

Lyotard, Jean-Francois, Don Barry et. al.(trans.), *The Postmodern Explained*, Minneapolis: University of Minnesota Press, 1993.

Peters, R. S., *Ethics and Education*, London: George Allen & Unwin, 1966.

Pinar, W. F. et al., *Understanding Curriculum: an Introduction to the study of Historical and Contemporary Curriculum Discourses*, New York: Peter Lang, 1995.

Pinar, W. F., What is Curriculum Theory?, N. J.: Lawrence Erbaum, 2004.

Pinar, W. F. & Reynolds, W. M.(Eds.), *Understanding Curriculum as Phenomenological and Deconstructed Text*, New York: Teachers College, Columbia University, 1992.

Schrag, C. O., *The Self After Postmodernity*, 문정복·김영필 옮김, 『탈

근대적 자아를 넘어서』, 울산: 울산대학교출판부, 1999.

Schubert, W. H., *Curriculum: Perspective, Paradigm, and Possibility*, 연세대학교 교육과정연구회 옮김, 『교육과정이론』, 서울: 양서원, 1992.

Slattery, P., *Curriculum Development in the Postmodern Era*, New York & London: Garland Publishing, 1995.

Tanner, D. & Tanner, L., *History of the School Curriculum*, New York: Macmillan, 1990.

Tayler, F. W., *The Principles of Scientific Management*, New York: Harper & Row, 1911.

Tyler, R. W., *Basic Principles of Curriculum and Instruction*, Chicago: The University of Chicago Press, 1949.

Warnke, G., *Gadamer: Hermeneutics, Tradition and Reason*, 이한우 옮김, 『가다머의 철학적 해석학』, 서울: 사상사, 1993.

• 저자 •

이재준   • 약 력 •
(李載俊)   서울교육대학교 졸업
          한국교원대학교 대학원 교육학 석사
          한국학중앙연구원 한국학대학원 철학박사
          수원여자대학, 서울보건대학, 서울여자대학교, 제주교육대학교 강사
          Louisiana State University 박사후연구원
          현 한국교원대학교 겸임교수

          • 주요논저 •
          「주희 격물치지론의 교육과정학적 해석」
          「주희의 마음이론을 통해서 본 지식교육의 본질」
          「교육과정 패러다임 전환과 학교교육의 과제」
          「Zhu Xi's *Ge-wu-zhi-zhi* Theory and Its Implications in Reconstructing
           the Postmodern Curriculum」
          「교육과정이론의 새로운 패러다임 모색: 탈근대적 교육과정 담론과 신유학 사상」
          「교육과정 개정 시기별 도덕과 교과서의 내용 이동성 분석: 초등학교 제4차
           교육과정 — 제7차 교육과정을 중심으로」
          외 다수

우리는 왜 주희인가?

• 초판 인쇄	2007년 8월 30일
• 초판 발행	2007년 8월 30일
• 지 은 이	이재준
• 펴 낸 이	채종준
• 펴 낸 곳	한국학술정보㈜
	경기도 파주시 교하읍 문발리 526-2
	파주출판문화정보산업단지
	전화 031) 908-3181(대표) · 팩스 031) 908-3189
	홈페이지 http://www.kstudy.com
	e-mail(출판사업부) publish@kstudy.com
• 등 록	제일사-115호(2000. 6. 19)
• 가 격	22,000원

ISBN   978-89-534-7107-8 93370 (Paper Book)
       978-89-534-7108-5 98370 (e-Book)